本书基金项目：中共安徽省委党校（安徽行政学院）创新工程重大课题《安徽省红色文化资源研究》（CXGCZD202203）子课题《全面建设社会主义现代化国家视域下大别山红色文化的价值、传承与利用》研究成果。系中共安徽省委党校（安徽行政学院）资助出版。

大别山的红色传承

汪勇◎著

中央党校出版集团
国家行政学院出版社
NATIONAL ACADEMY OF GOVERNANCE PRESS

图书在版编目（CIP）数据

大别山的红色传承 / 汪勇著. --北京：国家行政
学院出版社，2024.11. -- ISBN 978-7-5150-2965-8

Ⅰ.K269.401

中国国家版本馆 CIP 数据核字第 2024W7Z981 号

书　　名	大别山的红色传承
	DABIESHAN DE HONGSE CHUANCHENG
作　　者	汪　勇　著
统筹策划	陈　科
责任编辑	刘　锦
责任校对	许海利
责任印制	吴　霞
出版发行	国家行政学院出版社
	（北京市海淀区长春桥路 6 号　100089）
综 合 办	（010）68928887
发 行 部	（010）68928866
经　　销	新华书店
印　　刷	中煤（北京）印务有限公司
版　　次	2024 年 11 月北京第 1 版
印　　次	2024 年 11 月北京第 1 次印刷
开　　本	170 毫米×240 毫米　16 开
印　　张	10.5
字　　数	149 千字
定　　价	40.00 元

本书如有印装问题，可联系调换，联系电话：（010）68929022

前　言

　　文化是一个国家和民族的思想灵魂和赖以生存发展的精神命脉，是反映一个社会时代精神和发展进步的鲜明标识，是经济社会发展振兴的强大精神动力。文化兴则国运兴，文化强则民族强。中国共产党历来高度重视文化事业，将文化事业作为党和国家的一项重要工作，随着党和国家事业的发展，需要对文化工作作出战略部署和安排。2011 年，党的十七届六中全会首次提出"建设社会主义文化强国"的目标。2012 年，党的十八大强调建设社会主义文化强国"必须走中国特色社会主义文化发展道路"。2017 年，党的十九大提出"要坚持中国特色社会主义文化发展道路，激发全民族文化创新创造活力，建设社会主义文化强国"的要求。2020 年，党的十九届五中全会进一步明确提出到 2035 年建成文化强国的目标任务。党的二十大提出推进文化自信自强，铸就社会主义文化新辉煌。

　　党的十八大以来，以习近平同志为核心的党中央高度重视中国特色社会主义文化建设，强调建设中国特色社会主义现代化强国，实现中华民族伟大复兴的中国梦，必须始终坚持中国特色社会主义文化发展道路。习近平总书记多次强调在中国特色社会主义新时代，全面建设社会主义现代化国家，推进中华民族伟大复兴的新征程中，必须"坚持马克思主义，牢固树立共产主义远大理想和中国特色社会主义共同理想，培育和践行社会主义核心价值观，不断增强意识形态领域主导权和话语权，推动中华优秀传统文化创造性转化、创新性发展，继承革命文化，发展社会主义先进文化，不忘本来、吸收外来、面向未来，更好构筑中国精神、中国价值、中国力量，为人民提供精神指引"[1]。

---

　　[1]　《习近平著作选读》第二卷，人民出版社 2023 年版，第 19 页。

中国特色社会主义是道路、理论、制度和文化组成的"四位一体"的统一整体，是中国共产党在长期奋斗实践中探索开辟的一条适合中国国情的，能够指引中国胜利实现现代化的正确道路，必须始终坚持，毫不动摇。作为中国特色社会主义的重要组成，必须坚持和加强中国特色社会主义的文化自信。因为"文化自信是一个国家、一个民族发展中更基本、更深沉、更持久的力量"①。党的十八大以来，习近平总书记高度重视和强调中国特色社会主义文化自信，将其纳入中国特色社会主义道路自信、理论自信、制度自信和文化自信的中国特色社会主义"四个自信"基本范畴，多次就包括坚定文化自信在内的中国特色社会主义"四个自信"作出重要论述。习近平总书记指出："没有高度的文化自信，没有文化的繁荣兴盛，就没有中华民族伟大复兴。"② 2021 年 11 月，党的十九届六中全会通过的《中共中央关于党的百年奋斗重大成就和历史经验的决议》进一步强调要求："党坚持以社会主义核心价值观引领文化建设，注重用社会主义先进文化、革命文化、中华优秀传统文化培根铸魂。"

2022 年 10 月 16 日，党的二十大胜利召开，二十大就全面建设社会主义现代化国家，全面推进中华民族伟大复兴作出总体部署和全面动员，擘画出以中国式现代化实现中华民族伟大复兴的宏伟目标和建设蓝图。同时，大会提出把建成文化强国作为全面建设社会主义现代化国家、实现中华民族伟大复兴的重要内容和前提基础。党的二十大报告对如何推进文化自信自强，铸就社会主义文化新辉煌的目标任务作出总体部署，指出全面建设社会主义现代化国家，必须坚持中国特色社会主义文化发展道路，增强文化自信，围绕举旗帜、聚民心、育新人、兴文化、展形象建设社会主义文化强国。习近平总书记的重要指示、党的二十大的战略部署为新时代新征程上开展文化工作，推进文化建设，铸就文化辉煌指明了方向，提供了根本遵循，明确了目标路径。

---

① 《习近平著作选读》第二卷，人民出版社 2023 年版，第 19 页。
② 《十九大以来重要文献选编》（上），中央文献出版社 2019 年版，第 29 页。

　　文化作为社会意识的一种，是人类社会实践的物化产物和鲜明标志，文化一经生成，就会对社会实践产生作用。先进的文化对人类社会的发展进步发挥着重要的推动作用。正如恩格斯所指出的："文化上的每一个进步，都是迈向自由的一步。"① 1921 年 7 月，中国共产党成立以来，在百年奋斗历程中，党团结带领中国人民积极开展伟大社会革命，极大地改造了客观世界，相继取得了革命、建设和改革的伟大胜利，引领中国特色社会主义进入新时代。与此同时，中国共产党也自觉改造着主观世界，不断培育锻造出具有丰富时代内涵、地域特色和精神品格的革命文化和社会主义先进文化等精神结晶，他们共同发展演进成为今天的中国特色社会主义文化。正如习近平总书记所指出的："中国特色社会主义文化，源自于中华民族五千多年文明历史所孕育的中华优秀传统文化，熔铸于党领导人民在革命、建设、改革中创造的革命文化和社会主义先进文化，植根于中国特色社会主义伟大实践。"② 可以说，一部中国共产党的百年历史既是一部党为了实现中华民族伟大复兴，团结带领中国人民站起来、富起来、强起来的实践奋斗的改造客观世界史，也是一部不断孕育形成先进文化，铸造伟大革命精神的改造主观世界史。

　　文化是时代的必然产物，同时也会反过来影响着时代发展。任何一种文化，都会呼应一定的时代主题，回答一定的时代课题，影响时代的进展。红色文化是中国共产党创造的先进文化的重要组成部分，即 1919 年五四运动以来，在无产阶级作为领导力量的新民主主义革命时期这一特定的历史时空和时代背景下，中国共产党在领导全国各族人民，为了争取民族独立、人民解放和国家富强、人民幸福而开展的长期革命斗争中，坚持将马克思主义基本原理同中国具体实际相结合，同中华优秀传统文化相结合，团结带领广大先进分子、人民群众和革命武装共同孕育创造积淀的所有理论成果、物质文化和精神财富的总和。中国共产党红色文化是在中国革命的历史进程中生成的，彰显了中国革命的鲜明特征特色，蕴含着丰富深沉的大无畏革命精神，承载

---

① 《马克思恩格斯选集》第三卷，人民出版社 1995 年版，第 456 页。
② 《习近平著作选读》第二卷，人民出版社 2023 年版，第 34 页。

着厚重广博的历史文化内涵，红色文化集中体现了中国共产党人的信仰信念、奋斗历程、实践品格和传统风范，是一种代表中国历史发展方向的先进文化形态。在中国的政治话语系统中，红色代表革命，因而红色文化又称为革命文化、红色革命文化。

一般来说，红色文化分为广义和狭义两种类型。广义上的红色文化指的是自五四运动至今，中国共产党在不同历史时期，即新民主主义革命时期、社会主义革命和建设时期、改革开放与社会主义现代化建设历史新时期和中国特色社会主义新时代等各个历史阶段所创造的全部物质财富和精神财富的总和。狭义的红色文化特指1919年五四运动至1949年10月中华人民共和国成立这一特定历史时期，中国共产党围绕争取民族独立、人民解放的历史任务，团结带领全国各族人民在反对帝国主义、封建主义和官僚资本主义三座大山的压迫，夺取革命胜利，建立新中国这一历史进程中所创造的所有物质财富和精神财富的总和。需要说明的是，本书所研究阐述的红色文化取其狭义定义。由上可得出如下结论：1919年五四运动至1949年10月新中国成立，这段历史时期是红色文化生成的特定历史环境和时空背景，近代以来半殖民地半封建社会的基本国情是红色文化生成的国情实际，马克思主义的传播和指导是红色文化产生发展的理论基础，无产阶级的发展壮大和广大人民群众的积极参与是红色文化孕育形成发展的阶级基础和群众基础，中国共产党是红色文化孕育生成的领导力量，中国共产党及其领导的人民大众和革命武装是红色文化孕育生成的创造主体，中国共产党领导人民群众的革命实践则构成了红色文化生成的实践基础。

与其他文化类型相比，中国共产党红色文化集中反映了中国共产党的性质宗旨、理想信念、初心使命、价值指向、实践特色、优良传统和精神风貌，是近代以来中国历史演进与新民主主义革命斗争实践的高度浓缩。中国共产党红色文化具有鲜明的特点，它实现了先进性和科学性的统一、革命性与人民性的统一、思想性与实践性的统一、民族性与开放性的统一。

红色文化内涵丰富，体现了中国共产党在新民主主义革命时期的政治、经济、军事、文化以及社会生活等各个方面的内容。表现形式多种多样，包括物质文化、制度文化、思想文化、精神文化等，在呈现形态上主要分为物质红色文化形态与非物质红色文化形态两种。按照文化学基本原理，文化包括物质、制度、心理三个层面的内容，红色文化作为一种特殊类型的文化形态，也不例外。具体而言，物质文化是指中国共产党在不同时期、不同区域建造或使用过的遗址遗迹、交通工具、服饰、日常用品等；制度文化是指中国共产党在不同历史时期制定和实施的政治制度、社会制度以及路线、方针和政策；心理文化是指中国共产党及其领导下的各族人民的政治信仰、思维方式、生活和生产观念、审美情趣等。① 因此，红色文化在载体上一般表现为物质层面、制度层面和精神文化层面三个层面。物质层面的红色文化一般包括博物（展览）馆（室）、纪念碑（馆）、旧址遗址、旧居故居等；制度层面的红色文化指的是新民主主义革命时期形成的革命理论、纲领路线、方针政策、法律法规等；心理层面的红色文化即新民主主义革命时期形成的革命精神、革命道德和优良传统等。

作为一种特殊思想产物和意识形态，红色文化价值独特，意义重大。红色文化高度浓缩了中国共产党长期革命斗争的历史，是党的历史的文化结晶，承载着中国共产党的政治信息和基因密码，凝聚着中国共产党人的理想信念、信仰宗旨和政治品质。也记录了中国共产党诞生发展壮大的成长历史，印证了中国共产党在新民主主义革命时期浴血奋战、不屈不挠建立新中国的光辉历程，展现了党领导人民为争取民族独立、人民解放和国家富强生生不息、战斗不止的精神品格。是中国共产党人宝贵的精神财富，是推进党和国家事业发展的不竭动力。

党和国家历来高度重视红色文化工作，党的十八大以来，以习近平同志为核心的党中央高度重视红色文化资源的保护和利用，习近平总书记多次对红色文化工作作出重要指示批示，要求把红色资源利用好、把红色传统发扬好、把红色基因传承好，让红色文化看得见、摸得着、记得住、传得下。

---

① 梁家贵：《略论红色文化的内涵、研究方法及当代价值——以大别山红色文化为例》，《红色文化资源研究》2017 年第 1 期。

习近平总书记高度重视红色革命文化传承和弘扬，他在各地视察考察期间，多次到革命老区看望群众，回顾革命历史，缅怀革命先烈，发表重要讲话。他先后到江西、陕西、浙江、河北、安徽等地的革命老区视察考察调研，亲赴西柏坡、沂蒙、古田、延安、遵义、井冈山、大别山等地，参观考察当地的革命遗址、红色旧址、革命历史纪念场馆，并对用好红色资源发表了一系列重要讲话，特别就红色文化的价值地位、利用开发等工作作出重要论述，他反复强调要用好红色资源，传承好红色基因，把红色江山世世代代传下去。2017年5月，中共中央办公厅、国务院办公厅印发了《国家"十三五"时期文化发展改革规划纲要》，纲要明确提出必须发扬红色传统、传承红色基因，用好革命历史类纪念设施、遗址和各类爱国主义教育示范基地等红色文化资源。2017年10月，党的十九大进一步提出新时代必须要继承革命文化，传承红色基因。2021年，恰逢中国共产党成立100周年，同年2月，习近平总书记在党史学习教育动员大会上发表重要讲话时指出："中国革命历史是最好的营养剂，重温这部伟大历史能够受到党的初心使命、性质宗旨、理想信念的生动教育，必须铭记光辉历史、传承红色基因。"① 2021年3月，十三届全国人大四次会议通过的《中华人民共和国国民经济和社会发展第十四个五年规划和2035年远景目标纲要》提出了"加强革命文化研究阐释和宣传教育，弘扬党和人民在各个历史时期奋斗中形成的伟大精神"的目标任务。2021年6月25日，中央政治局进行了第三十一次集体学习，就"用好红色资源、赓续红色血脉"进行专题学习。2021年7月1日，在庆祝中国共产党成立100周年大会上，习近平总书记发表的重要讲话中进一步提出"继续弘扬光荣传统、赓续红色血脉"。2022年10月，习近平总书记在党的二十大报告中再次强调要弘扬革命文化，传承中华优秀传统文化。习近平总书记的重要讲话精神成为习近平新时代中国特色社会主义思想的重要内容，为新时代做好红色文化工作指明了正确方向，提供了根本遵循。

新民主主义革命时期，中国共产党创造出类型众多、地域特色浓厚、特

---

① 习近平：《在党史学习教育动员大会上的讲话》，人民出版社2021年版，第3—4页。

点迥异、内涵丰富的红色文化资源。原因在于红色文化孕育生成于特定的时空环境中，是在特定时间和特定的客观存在中产生的。中国国土面积辽阔，地理环境复杂，民族众多，为红色文化的孕育生成和丰富发展提供了广阔的空间。中国共产党在领导革命的过程中，革命足迹遍及中国大江南北，不同区域不同民族的民风民俗、文化心理、社会意识以及历史文化使得在不同的历史条件下，中国共产党创造生成的红色文化在不同的地区形成过程中具有不同的形态和内容特点，呈现出迥然各异的地域特征。因此，中国共产党红色文化具有鲜明的地域差异性特点。大别山红色文化就是其中一种具有鲜明的区域特点和深厚的地域色彩的红色文化。

大别山与井冈山、太行山等一样，都是革命的山、红色的山、英雄的山。这里是中国共产党最早建立党组织的重要建党基地、最早开展革命活动的地区之一，是中国革命的重要发祥地、主要活动地，是中国革命走向全面胜利的重要战略转折地。在长期革命斗争中，大别山军民浴血奋战，为中国革命的胜利建立了伟大功勋，作出了巨大牺牲。这里被誉为"红军的摇篮"和"将军的故乡"，走出了3支主力红军、349位开国将军。历经革命斗争的风雨洗礼，在岁月沉淀积累下、大别山辉煌灿烂的革命历史孕育锻造出伟大的大别山红色文化。大别山红色文化，指的是在新民主主义革命时期，中国共产党领导大别山地区人民群众和革命武装，为追求民族解放、国家独立、人民民主，高举红旗、前仆后继、不屈不挠、浴血奋斗的革命斗争实践中，立足大别山地区的地理环境、经济社会和历史文化的基础，坚持在马克思主义科学理论的指导下，通过批判地继承吸收大别山地域的优秀传统文化，实现传统文化的创造性转化，创新出文化结晶和精神成果，它体现和反映了大别山地区鲜明的地域特色、革命历史和精神风貌。从形成演进过程上看，大别山红色文化萌芽于近代，发端于中国共产党的成立，成熟和发展于中国共产党领导的新民主主义革命斗争之中。大别山红色文化是中国共产党人红色革命文化的重要组成部分。

党的十八大以来，习近平总书记高度重视革命老区的发展，他多次强调指出，革命老区是党和人民军队的根，我们不能忘记我们是从哪里走来的，永远都要从革命历史中汲取智慧和力量。要求我们一定要把理想信念的火种、红色传统的基因一代代传下去。习近平总书记多次来到大别山革命老区，参观大别山地区的革命遗址遗迹、纪念场馆，回顾大别山辉煌历史，缅怀革命先烈，考察老区脱贫攻坚工作，并发表重要讲话。

2016年4月24日至26日，习近平总书记来到安徽省考察调研，第一站就来到地处大别山深处的安徽省金寨县，他首先来到红军广场，向红军广场革命烈士纪念塔敬献了花篮。接着，习近平总书记瞻仰了红军纪念堂，参观了金寨革命博物馆并听取了金寨县革命历史和大别山精神的介绍。习近平总书记在充分肯定金寨的革命历史的同时，要求广大党员干部把红色资源利用好、把红色传统发扬好、把红色基因传承好。他高度赞扬了金寨人民为中国革命作出的重大贡献，指出："一寸山河一寸血，一抔热土一抔魂。回想过去的烽火岁月，金寨人民以大无畏的牺牲精神，为中国革命事业建立了彪炳史册的功勋。我们要沿着革命前辈的足迹继续前行，把红色江山世世代代传下去。"

2019年9月16日至18日，习近平总书记再次来到大别山革命老区，到河南考察调研。在河南考察期间，习近平总书记深入到大别山腹地革命老区，深情缅怀革命先烈，告慰革命英灵，他看望红军后代、革命烈士家属代表，调研指导经济社会发展、脱贫攻坚、乡村振兴等工作。考察调研第一站，习近平总书记就来到了鄂豫皖苏区首府所在地新县。在瞻仰革命烈士纪念馆时，他对大别山革命烈士的牺牲奉献作出了高度评价。在革命博物馆，他动情地说："吃水不忘掘井人，红色江山来之不易，是千千万万革命前辈用鲜血换来的。"习近平总书记语重心长地说，自己每次到革命老区考察调研，都去瞻仰革命历史纪念场所，就是要告诫全党同志不能忘记红色政权是怎么来的、新中国是怎么来的、今天的幸福生活是怎么来的。他强调指出，鄂豫皖苏区根据地是我们党的重要建党基地，焦裕禄精神、红旗渠精神、大别山精神等都是我们党的宝贵精神财富。他勉励号召新时代广大党员干部在接受红色教育中守初心、担使命，把革命先烈为之奋斗、为之牺牲的伟大事业奋力推向前进。同时，他要求大力弘扬大别山红色文化，提炼好、弘扬好大别山精神，让红色基因代代相传，让红色江山永不变质。习近平总书记的重要论述，首次明确了鄂豫皖革命根据地在党的历史上的重要地位，首次明确了大别山精神在中国共产党精神谱系中的重要地位，为新时代深入挖掘和持续研究鄂豫皖革命历史，学习宣传大别山精神，传承弘扬大别山红色文化提供了根本遵循和直接指导。

历史是最好的教科书，大别山红色革命文化不仅是一代又一代中国共产党人团结带领人民前赴后继、浴血奋战的坚强精神支柱和思想保证，更是中国特色社会主义新时代，全党全军全国各族人民紧密团结在以习近平同志为核心的党中央周围，踏上全面建设社会主义现代化国家、全面推进中华民族伟大复兴的奋斗新征程的强大精神动力。革命的烽火岁月，大别山人民坚定不移跟党走，一心一意干革命，为夺取中国革命的胜利，建立新中国立下了不朽功勋。在奋进新征程，建功新时代的今天，大别山红色文化更是激发亿万中华儿女传承红色基因，赓续红色血脉，奋力逐梦前行，创造伟大事业新辉煌的宝贵财富！

目　录

第一章

大别山红色文化生成的地理社会环境

　　社会存在决定社会意识，社会意识一经形成，对社会存在具有能动的反作用，这是马克思主义的基本原理。一定的时空环境之中的社会存在是产生特定的社会意识的决定性因素。文化作为一种精神现象，是社会意识的一种，其生成也是由一定时空环境中的社会存在决定的。因此，要考察具体某一个特定文化形态，其生成要素和产生根源必须从特定时期的特定人群所处的一定时空背景、时代环境和实践基础之中探寻。

　　列宁指出，无产阶级的文化并不是从天上掉下来的。中国共产党创造的先进文化同循此理。任何精神形态的出现，都有一定的实践基础和历史条件，它必然扎根于本民族的传统精神与文化，吸收和借鉴时代精神的精华，在长期的实践过程中孕育形成。大别山红色文化的生成和发展同样离不开大别山地区的时空环境、经济文化和社会实践环境。大别山地区特色鲜明的地理环境和具有地方区域特点的经济社会状态，是大别山红色文化孕育形成的时空背景和社会基础。

第一节 大别山地区独具特色的自然地理环境

大别山红色文化形成于湖北、河南、安徽三省交界的大别山地区，是一种独具特色的地域色彩浓厚的红色文化类型，其孕育生成有着特定的地理条件。大别山地区特殊的地理位置和自然环境构成了大别山红色文化生成的自然条件。

大别山山脉是中国的重要山脉之一，横跨鄂豫皖三省，横亘在中国中部地区，是由一系列山峰、丘陵等组成的大型山脉体系。大别山地理位置介于北纬 30°10′—32°30′，东经 112°40′—117°10′之间，山脉的整体轮廓呈不规则的倒三角形，主要山体西部呈西北—东南走向，东部呈西南—东北走向，整个山脉东西全长约 380 千米，南北宽约 175 千米。大别山形成历史久远，大约在 20 亿年前的远古时代，大别山一带还是一片汪洋大海。随着大陆地壳频繁运动，这里的地面不断隆起升高，终于形成绵延不绝的大别山山脉。大别山大部分地区的平均海拔大约在 500—800 米，山脉的山峰一般在海拔 1000 米左右，大别山主峰位于今安徽省霍山县境内的白马尖，海拔为 1777 米。

大别山自西向东蜿蜒于长江和淮河之间，是我国中东部地区最主要的山脉之一。作为长江水系和淮河水系的分水岭，大别山自古就是中国南北地理区域划分的重要分界线。在北面，大别山山脉与淮北平原连为一体；在东面，大别山逐渐过渡到江淮丘陵；往南面，大别山则与江汉平原连融起来。在气候上，由于大别山处在南北交汇之地，处于从亚热带向温带过渡的地带，使得其气候兼具南北特色，过渡性气候特征显著。大别山区域内水系发达，分属于长江流域和淮河流域的河流星罗棋布，交汇纵横。大别山南麓主要属于长江水系，这里主要有巴河、蕲河、浠水、举水、广水河、大悟河、滠水等河流，最终向南汇入长江。大别山北麓主要属于淮河水系，主要河流有竹竿河、潢河、灌河、史河等，这些河流最终北上汇入淮河。大别山地形呈现南低北高的特征，受其影响，大别山降水区域不平衡较为明显，降水量整体上南多北少，在大别山内部，因为地形关系，山区地带降水较多，丘陵地带相对较少。同时，大别山降水年份季节差异较大，在不同的年份，不同的季节，加之不同地形的显著差别，大别山地区经常容易发生旱涝灾害。

大别山得名历史久远。早在西汉时期，司马迁的《史记》就记载有华夏分九州，有九川、九山之说，而所谓的九山便包括大别山。据说，大别山之名最早出自古籍《尚书》。在《尚书·禹贡》中，有一段关于汉水（汉江）的描述："嶓冢导漾，东流为汉，又东为沧浪之水，过三澨，至于大别，南入于江。"意思是汉水东流至大别山之南汇入长江，因而后人据此将其命名为大别山。关于大别山之名的由来，还流传着其他多种说法。一种说法是，传说在远古洪荒时代，亿万生灵被挤压在昏暗的天地之间，一大山横空而出，横亘于天地之间，区分出天地昼夜，从此使天地日夜有别，故人们将此山取名为大别山。还有一种说法是，春秋时期，大别山作为长江、淮河的分界山脉，分开了长江和淮河两大水系，而吴国疆域基本位于长江流域，楚国疆域主要在淮河流域，大别山在区分开吴、楚两国疆域的同时，也造成了两国在气候环境、文化风俗和民风民情上截然不同，大有异别，因而人们将其命名为大别山。

大别山山石主要为花岗岩，山体坚固牢靠，山势挺拔险峻。大别山地区风景秀丽，每到春天，漫山遍野的映山红染红座座山头，非常壮美。大别山植被丰富，物产丰富，盛产山竹、松树、茶叶、山芋、板栗。据古籍记载，大别山产的箭竹，因为品质优良，被作为贡品进贡至朝廷用来制箭。大别山种茶历史悠久，大别山所产的茶叶盛名已久。大别山地区自然资源丰富，山脉绵延起伏达数百里，丘陵地带众多，其地势平缓，坡度起伏，岗峦相接。平整地带有小块田垄相望，边缘地带水网密布，平畴广阔。大别山地区气候温和，雨量充沛，光照充足，适宜于多种多样的亚热带和温带植物的生长，具有发展农业经济的自然环境优势，这里盛产水稻、小麦等粮食作物，花生、油菜、棉、麻等经济作物，茶叶、板栗、蚕丝、桐油、中药材等土特产品。丰富多样的自然资源和农副产品物产，客观上为大别山革命的爆发，建立革命根据地，以及革命队伍的发展壮大提供了较为坚实的物质支持和生存保障。

大别山位于鄂豫皖三省交界之地，处于长江中下游的南京和武汉中间，东临江淮平原的霍山和张八岭，西临桐柏山地区的平汉铁路，北挽淮河，南濒长江，西望武汉、东瞰合肥，襟扼三江，使得大别山的战略地理位置极为重要。从这里向南可直抵汉口，向东可控制或威胁津浦铁路，向北可控制或威胁陇海铁路，向西可控制或威胁平汉铁路。可以说，谁控制住大别山地区，谁就占据了地利，可以居高临下俯瞰中原，威慑江南，因而这里素有"得大别山者得中原，得中原者得天下"之说。特殊的地理位置使大别山极具战略意义，在中华民族几千年的历史中，历代王朝在争夺统治权的斗争中，大别山地区始终都是必争之地，是各派力量争夺和控制的重要地区。特别是大别山周边地区的武汉、合肥、信阳等重要城市，自古为兵家必争之地，历史上这里战乱不断，争斗不息。

大别山处于鄂豫皖三省交界，地域范围包括河南、湖北、安徽三省。2015年6月，国务院颁布实施《大别山革命老区振兴发展规划》，按照此规划，大别山革命老区范围包括今天鄂豫皖三省的7市共61个县（市、区）。具体范围包括：安徽省六安市、安庆市全境；河南省信阳市、驻马店市全境，南阳市的桐柏县、唐河县；湖北省黄冈市、随州市全境，孝感市的孝南区、安陆市、应城市、大悟县、孝昌县、云梦县，襄阳市的枣阳市，武汉市的黄陂区、新洲区。此外，大别山一部分余脉还涉及鄂豫皖三省的其他一些县区市，如安徽省的宿松、望江、枞阳、肥东、肥西、庐江等县，湖北省的黄陂、新洲、广水等区市，也在大别山地区之内。今天，大别山地区总面积为10.86万平方千米，区域内总人口近3000万人。

近代以来，大别山地区的行政区划由于政治局势的变化而变动频繁，区域内的鄂豫皖三省所属的市县等地名也变动较大。例如，按20世纪30年代时的县域行政区划设置，大别山区域主要包括鄂豫皖三省边区的20余个县（市），分别是：鄂东北的黄安、麻城、黄陂、孝感、黄冈、罗田、礼山、浠水、蕲春、黄梅、广济，豫东南的商城、光山、罗山、经扶、固始、潢川、信阳，皖西的六安、霍山、霍邱、立煌、英山、舒城、潜山、太湖、宿松、岳西等。新中国成立后，一些县（市）的名称和行政区划进行了调整。湖北省：黄安县更名为红安县；麻城县更名为麻城市；孝感县分置为孝感市的孝南区和孝昌县两地；黄冈县分置为武汉市的新洲区、黄冈市的团风县和黄州区；礼山县更名为大悟县；广济县更名为武穴市。河南省：经扶县更名为新县；信阳县分别隶属于信阳市的师河区、平桥区；固始、潢川、息县等地设为淮滨县。安徽省：六安县分别隶属于六安市的金安区、裕安区；立煌县今更名为金寨县；英山县划属湖北省。

历史上，大别山地区生产方式以农业为主，区域内的90％以上的人口从事农业生产和家庭手工业生产，自给自足的自然经济占主要地位，商业贸易比较落后，商品经济十分薄弱。在长期的封建社会里，由于封建主义专制统治和封建地主土地所有制的严重束缚，大别山区社会生产力发展极为缓慢。加之这里历史上素来为战略必争之地，每次各种势力逐鹿中原，战乱纷争之际，战争往往以淮河为界限，在大别山地区或周边展开，导致这里战乱不断，破坏频仍，使得大别山地区原本就比较落后的社会生产力雪上加霜，以小农经济为主要内容形式的经济社会一遍又一遍陷于破坏后逐渐恢复，恢复后再破坏的恶性循环之中，这种状况的经常发生致使大别山地区及周边地区的经济社会、文化教育等状况比起中国其他地方明显落后，特别是进入近代以来，大别山地区小农经济占据主导地位，商品经济不发达，经济社会发展非常迟缓，人民生活日益穷困，贫苦大众所受剥削和压迫日趋深重，大别山人民革命意愿不断高涨。

1840 年鸦片战争以来，中国逐渐成为半殖民地半封建社会，特殊的国情决定了中国共产党领导的新民主主义革命的特殊性，绝不能照搬照抄俄国的革命道路和模式。在领导革命的斗争实践中，以毛泽东同志为代表的中国共产党人经过不断探索，终于开辟出一条与俄国革命不同的具有鲜明中国特色的革命道路——农村包围城市、武装夺取政权。这条革命道路决定了中国共产党及其领导的革命力量不能像俄国那样，只是在城市发动工人起义和士兵暴动就可以夺取政权，而是必须深入敌人统治力量薄弱的广大农村地区，广泛发动占旧中国人口绝大多数的农民阶级和人民群众，建立革命根据地，坚持开展武装斗争，不断积蓄和壮大革命力量，最终推翻帝国主义、封建主义和官僚资本主义的反动统治，夺取全国的革命胜利。因此，中国革命的这一规律客观上决定了中国革命的发生地和根据地必然也必须基本上处于交通不便、敌人统治薄弱的交界地带的偏远山区和广大的农村地区。大别山革命的爆发和兴起正是遵循这一逻辑的结果，大别山独特的区域优势和时空位置客观上具有得天独厚的地理优势。特别是近代以来，位于三省交界处的大别山是鄂豫皖三省统治阶级和军阀都鞭长莫及的"三不管"地区，中心区域更是远离反动势力统治的中心城市。当时统治河南的军阀属于冯玉祥派系，在大别山地区无正规军驻守。统治湖北的军阀归属桂系，大别山恶劣闭塞的交通条件往往使军阀的军队只能朝发夕归，加之物资保障不足，不能久留驻扎。统治安徽的军阀属于直系，对于大别山地区统治也是鞭长莫及，特别是皖西大别山地区更是统治薄弱地区。鄂豫皖三省的军阀统治力量主要集中在城市及周边城镇，他们分属不同派系，矛盾重重，加之各派军阀之间也是貌合神离，争权夺利，使得反动力量难以聚集，特别是当敌人对革命力量开展"围剿"时，很难做到统一指挥，协调行动，步调一致。这样，革命斗争时期，鄂豫皖根据地的革命武装往往在一省的军阀打来的时候，可以迅速转移到别的省域内，保存革命力量，坚持革命斗争。正是大别山特殊的地理环境客观上"给了一种条件，使一小块或若干小块的共产党领导的红色区域，能够在四围白色政权包围的中间发生和坚持下来"①，有利于党领导的革命力量在这一区域内不断积蓄、成长和发展。同时，大别山地区地处南北要冲，自古以来就是战略要地，这一区域内的地形复杂，山地、险关、平原和洼地相互交错，广袤复杂的大别山地形便于革命斗争向四周扩散，使得坚持革命斗争具有得天独厚的自然环境。大别山区域内有 20 余个市县，人口数以千万计，这就给革命力量以充足的生存壮大的发展空间和人力保证。于是，在大别山地区，中国共产党能够领导人民群众和革命力量依托鄂豫皖三省交界的区位优势，凭借广袤的山川地势，连绵起伏的山脉、支流众多的峡谷等有利地形的地理优势发动革命，建立革命根据地，开展武装斗争，坚持游击作战。

总之，大别山地区客观上得天独厚的自然地理环境，非常有利于革命运动的兴起发展，有利于中国共产党领导的人民群众和革命军队开展武装斗争，坚持游击战争，以及革命根据地红色政权的长期存在和建设发展。有利的自然地理环境为大别山革命力量的积蓄和发展提供了保障，为大别山革命运动爆发提供了有利条件，为大别山革命斗争的坚持提供了广阔的空间，也为大别山红色文化的孕育生成与丰富发展奠定了自然条件。

第二节　大别山地区复杂的经济社会状况

大别山地区特殊的自然环境为大别山革命的爆发提供了地理条件。一方面，大别山地区复杂的经济社会状况也是大别山革命爆发兴起的必要因素。大别山地区山多地少，土地贫瘠，进入近代以来，随着土地的不断兼并集中，大别山地区本就稀少的土地不断地聚集在地主阶级手中。大批的农民失去土地，沦为贫下中农和雇农、佃农，为了生存他们不得不租种地

---

① 《毛泽东选集》第一卷，人民出版社 1991 年版，第 49 页。

主的土地，接受地主的盘剥，苦苦挣扎，生存环境和生存条件一天一天地恶化。这为大别山地区革命的兴起提供了有利的社会条件和群众基础。另一方面，大别山地区特别是腹地远离大城市，地理位置偏远，山地闭塞崎岖，交通往来不便，使得这里历史上工商业不发达，长期以来自给自足的小农自然经济占据主导地位，区域内经济自给运转的能力较强，使得在革命斗争年代，革命力量即使是在敌人对革命根据地实行长期的严密封锁的情况下，也可以形成区域性自给能力较强的封闭型自然经济，保障基本的生存发展需要。这些都为大别山地区的革命武装，人民群众的生存和发展提供了必要的客观有利条件，为革命的爆发和坚持提供了坚实的基础和保障，也客观上为大别山红色文化的孕育形成奠定了有利的经济社会条件。

一、近代以来大别山地区的经济社会状况

大别山地区山多田少，自然环境复杂，生产生活条件相对恶劣，区域内经济生产以农业为主，当地人民群众的生产活动主要以从事农业和家庭手工业为主，长期以来自给自足的自然经济占据着主要地位。在封建社会里，封建的地主阶级土地所有制度是地主阶级和封建官僚统治的经济基础。进入近代，大别山地区土地兼并日趋严重，封建地主占据着大别山地区大多数土地，广大农民占有土地极少，据金寨县志记载，占大别山人口10%左右的地主、富农占有80%以上土地，而占人口90%的农民占有的土地不到20%，许多贫困人家竟地无一分，房无一间，这种状况下，大别山地区农民为了生存，不得不遭受地主的重重经济剥削和严重政治压迫，他们一般每年粮食产量的50%左右要作为地租交给地主，同时地主发放高息高利贷，大别山农民还要经常被迫接受高利贷的盘剥，生活在水深火热、困苦死亡的边缘。以安徽皖西为例，金寨地区80%的土地为地主富农所有，根据1930年乡、村苏维埃调查，金家寨、石峡口、古碑冲、南庄畈、司马岭、响山寺等地，有田地1.1万余亩，地主占有52%，富农占有29%，自耕农、半自耕农占有19%。汤家汇乡有田6300余亩，地主、富

农占 75%（其中一廖姓地主又占地主、富农占有数的 1/3），祠、庙田占
22.5%，自耕农和半自耕农占 2.25%。银山畈一带各阶层人口及其占有田
地的比例是：地主人口占 5%，占有田地 78%；富农人口占 10%，占有田
地 12%；中农人口占 20%，占有田地 8%；贫农人口占 50%，占有田地
2%；雇农人口占 15%，无田地。土地占有情况相当集中，贫富悬殊极大。
此外，地主、富农还拥有大部分山场和森林，由佃户育苗、栽秧、采伐，
收入全归地主所有。大别山地区穷苦老百姓土地很少，仅有的一点田地大
多分散在深山里，十亩九不收，加上地主的残酷剥削，农民生活苦不堪
言，挣扎在死亡的边缘。据来自大别山腹地安徽金寨县铁冲乡的一位老红
军在一份回忆材料中说："我家住在商城县皂角河河凹（处）两间半房。
租半亩地，是八串铜钱租的，是皂角河地主吴三的。在牛棚房边，比牛棚
还破的两间半房子……父亲除了种地，就是打柴。每年地内只收五斗粮
食，还给地租两斗，自己只得三斗。另外，父亲帮地主吴家做散工，每天
得的工资六个小铜板，拿来家补助不足的生活。父母同姐妹和我，五口人
吃饭，一年收入仅此三斗粮食，不够一家生活，所收粮食仅够半月吃。其
他全靠父亲做工，忙得不分昼夜，随时听候地主的吩咐去干活，闲的时候
都在家等。父亲还上山挖药草、砍柴去卖钱，补助家里生活。""全年最好
就是到春秋两季，我们生活好一点。好在何处，那时我母亲可以上山挖野
菜给我们充饥，田园里找一点野麦和野果打糊涂喝。一到冬季，我们就吃
苦，再要是下雪，我们就无办法了，父亲不能上山打柴，粮食也无着落。"
大别山地区鄂豫皖边区广为流传着许多真实地反映了旧社会农民的歌谣，
其中黄（安）麻（城）边区有一首歌谣唱道：

冷天无衣裳，热天一身光。

住的茅草棚，吃的菜和糠。

麦黄望接谷，谷黄望稻秧。

不问阴和晴，雨雷无阻挡。

一年苦四季，都为地主忙。

这些民谣正是当时农民悲惨生活的真实写照。与此同时，掌握大量土地，残酷剥削农民阶级的大别山地主还利用多种方式加强统治。他们利用族权、神权等封建制度文化对农民不断强化统治和压迫，再加上近代以来，大别山地区封建军阀连年混战，人民群众深受其害，形形色色的苛捐杂税多如牛毛。1932 年 1 月，据鄂豫边区特委向中央报告边区国民政府捐税调查情况的报告记录：各县政府（鄂豫皖边区）的收入 9/10 为捐税，1/10 出自罚款，名目繁多，举不胜举。主要有："清乡"捐、酒捐、烟捐、屠宰捐、人头捐、田亩捐、灶头捐、房屋捐、"剿共"捐、购械捐、门牌捐、过卡捐、户口捐、枪弹捐、自治捐、印花税捐等。特别是在天灾匪祸加重的年份，大量的农民会破产成为流民，沦为彻底的无产者，大别山地区的社会矛盾和阶级矛盾一天比一天尖锐起来。

进入近代，大别山地区由于商业工贸落后，交通运输主要依靠内河行船放排方式进行，商品经济比较薄弱，这里长期以来没有近代工业和较为集中的规模产业工人。辛亥革命后，北洋军阀窃取革命果实，在其统治期间，封建军阀和地主阶级对外勾结帝国主义势力联合压迫人民，对内疯狂掠夺剥削百姓，大别山地区及周边军阀为了争夺权力和地盘，更是横征暴敛，加重对农民的压迫剥削，进一步加速了大别山地区农民的破产，广大农民群众终年生活挣扎在死亡线上。同时，大别山地区及周边地区的城镇也是百业凋敝，物价飞涨，工商业者随时有破产的危险，广大市民的生活也十分贫苦艰难。20 世纪初期，大别山地区阶级矛盾激化，人民群众民不聊生的社会状况，昭示着一场伟大革命风暴正在悄悄酝酿。

二、近代以来大别山地区的社会变迁状况

1840 年鸦片战争爆发，随着西方资本主义列强以坚船利炮轰开中国国门，中国逐步成为半封建半殖民地社会。1841 年，清政府被迫与英国签订《南京条约》后，英国多次派军舰从长江闯入湖北境内。1856 年，清政府与英国签订《天津条约》，将汉口划为通商口岸，帝国主义侵略势力开始进入大别山地区。1861 年，英国与湖北地方政府签订《英国汉口租界条款》，英国在汉口设立租界，一时间英、美、法等国商人纷纷来到汉口。1876 年，清政府与英国签订《烟台条约》，安徽的芜湖被开辟为通商口岸，安庆被划为外国的"寄航港"，帝国主义势力进一步深入长江流域和大别山地区。1894 年，中日甲午战争后，随着《马关条约》的签订，西方列强掀起了瓜分中国的狂潮，帝国主义侵略势力快速向内陆地区扩张，大别山及周边地区帝国主义的渗透、影响和侵略日益加深。

1906 年，从北京至武汉，纵贯大别山地区南北的京汉铁路正式开通。随着京汉铁路开通运营，大别山地区长期以来闭塞的状态开始被打破，大别山地区尤其西北部地区与外部联系日益频繁，大别山及其周边的武汉、信阳等地逐渐崛起成为交通枢纽，成为中原、江淮以及湖广地区之间经济社会交流的中心城市，有力地促进了大别山及周边地区的经济交流。这样，以湖北武汉、安徽安庆、河南信阳为中心枢纽，以大别山地区内各县县城为重要基地的大别山及周边地区市场贸易开始活跃起来。

与此同时，由于京汉铁路的开通运营，西方帝国主义的侵略魔爪通过这条重要的铁路通道，迅速延伸到大别山地区北部的江淮地区与淮河流域。他们在当地找到地主官绅和买办商人作为代理人，在大别山地区各地的城镇纷纷开办起洋行、商行，钱庄、货栈，设立起大量形形色色的"华洋公司"。为了攫取更大利润，这些洋行、商行、钱庄、商号往往勾结地方封建地主和反动势力，大量广布经营网点，垄断商品货物贸易，操纵垄断市场，大肆在当地倾销"洋货"，排挤打击并伺机兼并吞并大别山本地的民族资本主义工商业和手工业。同时，他们还凭借资本优势和在华特权，通过大量廉价收购粮食、棉花、茶叶等大宗农副业产品，囤积居奇，牟取暴利，对当地传统自给自足的自然经济和民族工商业的发展造成了极大的冲击和破坏，使得大别山地区小农经济日趋解体，农业日趋凋零，农民大量破产，大批的手工业商铺也纷纷倒闭。与此同时，西方列强侵入大别山地区之后，除了经济上大肆剥削掠夺当地人民之外，他们还通过在当

11

地传播基督教、天主教，创办教会学校、教会医院以及形形色色的慈善机构等方式进行文化侵略，开展文化渗透，以此毒蚀和麻醉大别山人民群众的精神和心灵。

19世纪60年代起，随着资本主义对中国的侵略加深，清朝封建统治阶级中出现了洋务派，开始在中国搞起洋务运动，希望通过学习西方先进技术，能够"自强""求富"，从而达到维持封建专制统治的目的。到了19世纪80年代末，洋务派官员主政两湖地方，当地政府官员强力在统治区域推动新政改革，他们开始在湖北等地创办起一些近现代实业企业，中国近代工业就此起步，开始逐步建立起来。截至1908年，洋务派在湖北的武汉三镇等地共创办起实业近20家，这些实业企业虽然是官督商办，封建色彩浓厚，但客观上也带动和促进了本区域的民族工商业的萌芽发展。1895年，随着《马关条约》的签订，清政府开始允许民间资本投资工商业，武汉三镇迎来民间投资创办企业高潮。据不完全统计，截至1911年，武汉三镇当地先后共创办起民营厂矿130余家，经商人员总数高达5万人以上。武汉由此成为近代外国资本、官僚资本、民族资本的高度聚集地，这对鄂东北地区社会经济变化和社会结构的变迁产生影响巨大。与此同时，随着大量实业厂矿的创立和发展，大别山地区的第一代产业工人队伍在这些厂矿中诞生，大别山地区社会结构出现新的变化。尤其湖北武汉地区成为中国早期的产业工人最多和最集中的地区，工人阶级是中国社会各阶层中最先进、最有组织性、最有战斗力的阶级力量。随着大别山地区中国工人阶级的出现、成长和壮大，为大别山地区革命性的社会变革带来领导力量。

大别山地区随着西方帝国主义势力的侵略深入，洋务革新新政的实施，以及民族资本主义工商业的初步发展，社会分化不断加剧，社会结构急剧变化。大别山地区从此开始从传统的农业社会向近代工商业社会转型。特别是从19世纪80年代末开始，大别山各地以大中城市为中心，纷纷兴办了大量的各类新式学堂，这些新式学堂不再以教授封建的思想文化为主体，纷纷在教学中引入西方的文化思想。大别山地区的一些地主乡贤士绅，为了子弟的前途，纷纷将他们送出大别山。这些年轻人离开家乡，进入城市新式学堂学习后，接触了不同于封建私塾教育的新式教育，耳濡目染中学习西方新的知识、新的思想，思想逐渐发生变化，大别山地区慢慢形成以新式学生为主体的青年士绅群体。他们对民族国家的未来忧心忡忡，对清政府腐朽落后的封建专制统治日益不满，要求积极采取措施，通过开展社会变革来改变现状。到了 20 世纪初，随着帝国主义侵略的加深，清政府的腐朽无能，中国的民族危机不断加深，鄂东、豫南、皖西一批接受民主思潮的知识青年，开始积极从事推翻清政府的民主革命，创办大量进步书报，揭露帝国主义的侵略行径和反动当局的各种罪行，号召人们起来斗争。大别山地区如武汉等大中城市的青年学生为主体的革命爱国团体不断涌现，他们广泛开展爱国救亡活动，抗争清政府的斗争此起彼伏，武汉三镇成为近代中国革命团体成立最多、活动最频繁的地方，最终发展成为辛亥革命的主要策源地。

20 世纪初至辛亥革命前夕，随着帝国主义势力侵略的深入，大别山地区小农经济逐步解体，传统手工业逐渐被摧毁，在广大农村地区，破产流民队伍急剧扩大，阶级矛盾日益尖锐，大别山各地城乡各阶层的民众对帝国主义侵略势力的仇恨情绪也日渐强烈。大别山及周边地区社会的主要矛盾从过去的封建地主阶级与广大农民阶级的矛盾，转化为帝国主义同中华民族的矛盾为主、封建地主阶级同人民大众的矛盾。鸦片战争以来，大别山地区的人民群众反抗国内封建压迫和西方列强侵略的斗争就一刻没有停止。但由于种种原因，这些抗争无一不以失败而告终。但大别山地区近代以来持续不断的抗暴斗争，在一定程度上打击了帝国主义和封建势力的同时，也在改变和启蒙着大别山人民群众的思想观念。特别是 1911 年 10 月，在武昌起义中引燃的辛亥革命，在这场以中国民族资产阶级为主体，以推翻清政府、结束封建帝制，建立共和制为基本目标的民主主义革命风暴中，大批来自大别山地区的革命者投身其中，他们的革命行动极大地影响和推进了大别山革命形势的发展。

总而言之，鸦片战争以来，在帝国主义和封建主义的双重压迫下，大别山及周边地区政治黑暗，民生凋敝，哀鸿遍野，怨声载道，城乡各阶层人民与帝国主义和封建主义的矛盾达到空前激化的程度，大别山人民群众反帝反封建斗争此起彼伏、连绵不断，反帝反军阀的斗争日趋高涨。但由于没有先进的阶级领导和先进思想的指导，加之阶级利益的局限性，这些斗争最后都以失败而告终。但是，每次起义斗争都给反动统治阶级以沉重的打击，为大别山地区中国共产党领导的新民主主义革命的爆发和兴起埋下了种子，为在革命斗争中产生的大别山红色文化的孕育形成提供了历史条件和社会基础。

第二章

大别山红色文化生成的文化条件

马克思指出："人们自己创造自己的历史，但是他们并不是随心所欲地创造，并不是在他们自己选定的条件下创造，而是在直接碰到的、既定的、从过去承继下来的条件下创造。"① 人类社会创造的任何思想文化都不是天上掉下来的，都有其客观的生成逻辑和历史演进过程。中国共产党在长期革命斗争中创造出丰富的红色文化，它们也必然按照此规律产生，有着深厚的理论逻辑、历史逻辑和实践逻辑。马克思主义的传播和指导为中国共产党的红色文化的产生奠定了理论基础，中国传统优秀文化蕴含的精神智慧为红色文化提供了文化血脉，而进入新民主主义革命时期，中国共产党领导的革命斗争实践则为红色文化形成提供了现实基础。

2021 年 7 月 1 日，在庆祝中国共产党成立 100 周年大会上，习近平总书记首次提出必须"坚持把马克思主义基本原理同中国具体实际相结合、同中华优秀传统文化相结合"②，习近平总书记关于"两个结合"的重要思

---

① 《马克思恩格斯选集》第一卷，人民出版社 2012 年版，第 669 页。
② 《习近平著作选读》第二卷，人民出版社 2023 年版，第 483 页。

想为中国共产党先进文化生成和思想理论创新指明了方向路径，提供了根本遵循。2022年10月召开的党的二十大再次阐述和强调了把马克思主义基本原理同中国具体实际相结合、同中华优秀传统文化相结合的"两个结合"的重要思想。"两个结合"的重要思想为中国共产党持续推进马克思主义中国化时代化，实现思想理论创新指明了根本路径，开辟了康庄大道。同时，也指明了中国共产党孕育创造红色革命文化，铸就红色革命精神的路径方法。

马克思主义认为，人民群众是历史的创造者，但是它们并不是在选定的特定的历史条件下，随心所欲、不受任何约束地创造历史，而是在某种既定的，从历史上继承下来的条件中去创造历史。任何一种先进的文化形态的生成，任何一个先进思想理论的创立都不是无根之木，无源之水，都必然是根植于本民族的文化土壤之中，在吸收转化本民族优秀传统文化的基础上，通过学习借鉴吸收其他外来先进文化，创造性地开展传承、整合和创新的产物。中国共产党红色文化是在科学的理论指导下和深厚的文化土壤的基础上孕育生成的。马克思主义和中华优秀传统文化是中国共产党红色文化的理论来源和文化渊源。

中国共产党自成立以来，始终秉持高度的文化自觉和文化创新精神，坚定不移地坚持马克思主义先进科学理论指导，高擎革命理想、坚定科学信仰，弘扬民族精神，在积极引领和践行中国先进文化的同时，在忠实传承、自觉弘扬和创造性转化中华优秀传统文化中实施文化创造，生成新的先进文化形态。

中华优秀传统文化是中华民族的根和魂，是几千年来中国人赖以生存、发展和壮大的精神家园，是中国共产党红色文化的社会文化渊源。党的二十大报告指出："中华优秀传统文化源远流长、博大精深，是中华文明的智慧结晶，其中蕴含的天下为公、民为邦本、为政以德、革故鼎新、任人唯贤、天人合一、自强不息、厚德载物、讲信修睦、亲仁善邻等，是中国人民在长期生产生活中积累的宇宙观、天下观、社会观、道德观的重要体现，同科学社会主义价值观主张具有高度契合性。"2022年10月17日，习近平总书记在参加党的二十大广西代表团讨论时强调："中国走上这条道路，跟中国文化密不可分。我们走的中国特色社会主义道路，它内在的基因密码就在这里，有中华优秀传统文化这个基因。"中国共产党的红色革命文化不是无源之水，它深深地植根于中华民族几千年来源远流长、博大精深的传统文化土壤之中。中国共产党在长期的革命斗争实践中，把马克思主义科学理论同中华优秀传统文化精华贯通融会，不断对中华传统文化进行批判性继承、创造性转化，从而逐渐培育铸就新的先进文化形态。红色文化是中国共产党在新的历史时期和历史条件下对中华优秀传统文化的继承和发展，它赋予了中华优秀传统文化全新的时代内涵和文化价值，体现了中华优秀传统文化的核心精髓和精神实质，开辟了中华优秀传统文化的新境界，代表了中国先进文化的前进方向。如果说，马克思主义的传播和指导是中国共产党红色革命文化生成的思想灵魂，中华民族优秀传统文化则是中国共产党红色革命文化生成的血脉土壤。

　　作为红色文化的一种类型和形态，大别山红色文化的孕育生成必定也遵循以上逻辑和规律。大别山红色文化是新民主主义革命时期，在半殖民地和半封建社会的国情下，中国共产党人在领导大别山的革命斗争中，以马克思主义科学理论为指导，通过汲取吸收中华民族优秀传统文化的精华，融合大别山特定区域内的多元优秀特色文化，团结带领广大人民群众和革命军队在革命实践中形成的一种具有鲜明地域色彩的独特文化形态和精神成果。

第一节　中华优秀传统文化的孕育滋养

　　作为一种历史现象，文化具有延续性，任何一种民族文化必然孕育产生在已有的母体文化基础之上，并在此基础上成长发展。毛泽东同志指出："今天的中国是历史的中国的一个发展；我们是马克思主义的历史主义者，我们不应当割断历史。从孔夫子到孙中山，我们应当给以总结，承继这一份珍贵的遗产。"① 红色文化是中国共产党在新民主主义革命时期的历史背景和时代条件下对中华优秀传统文化的扬弃、继承与发展，同时也赋予了中华优秀传统文化新的时代内涵和生命活力，中华民族的优秀传统文化是红色革命文化的直接文化来源，对红色文化的孕育生成提供了血脉渊源和文化支撑，是赋予红色革命文化滋养，从而决定其能够生成的特定的丰厚文化土壤。

一、大别山地区优秀传统文化的滋养

习近平总书记指出："在 5000 多年文明发展中孕育的中华优秀传统文化，在党和人民伟大斗争中孕育的革命文化和社会主义先进文化，积淀着中华民族最深层的精神追求，代表着中华民族独特的精神标识。"② 中华民族优秀传统文化是深深扎根于中华民族灵魂深处的文化血脉，源远流长、博大精深，历经数千年积累沉淀形成，是展示中华文明的精神标识和文化精髓，是中华民族生生不息、发展壮大的丰厚滋养，是中华民族突出的文化优势，是中国特色社会主义道路、理论、制度、文化形成和发展的基因、命脉，这些宝贵文化资源，铸就了中华民族持久而强大的凝聚力和向心力，是中华民族自强不息、创新发展的精神支柱，同时也构成了中国共产党红色革命文化孕育生成的文化土壤。

习近平总书记指出："中国特色社会主义文化，源自于中华民族五千多年文明历史所孕育的中华优秀传统文化，熔铸于党领导人民在革命、建设、改革中创造的革命文化和社会主义先进文化，植根于中国特色社会主义伟大实践。"③ 革命年代，在将马克思主义同中国具体实际相结合，同中

---

① 《毛泽东选集》第二卷，人民出版社 1991 年版，第 534 页。
② 《习近平谈治国理政》第二卷，外文出版社 2017 年版，第 36 页。
③ 《习近平著作选读》第二卷，人民出版社 2023 年版，第 34 页。

华优秀文化传统相结合，持续推进马克思主义中国化时代化的历史进程中，中国共产党坚持马克思主义基本原理，灵活运用马克思主义的基本立场、观点、方法，对中华优秀传统文化进行了批判性的继承和创造性发展，培育发展出种类繁多、形态多样、内容丰富的红色革命文化。红色革命文化作为一种特殊的文化形态，集中体现了中华优秀传统文化的文化精髓和精神实质。

大别山红色文化是红色革命文化的重要组成部分，必然也遵循这样的生成逻辑，是中国共产党人以马克思主义先进的科学理论为指导，对中华民族传统文化批判性地继承和发展的结果。它深深根植于中华民族绵延5000多年的历史文化、民族精神和优良传统，在中华民族优秀传统文化的沃土里不断生根发芽，中华优秀传统文化是大别山红色文化孕育生成发展的深厚文化土壤，为大别山红色文化奠定了文化基因。

历史上，大别山地区各民族人民在长期的经济社会密切交流中，思想文化不断融合交汇贯通，创造形成了极具地域特色的大别山传统文化。大别山传统文化在中华民族传统文化中占有重要地位，对丰富发展中华文化，赓续中华文明基因意义重大。大别山地区是中华民族文明最悠久的地区之一，有着悠久深厚的文化历史，大别山文化中带有浓厚的中华优秀传统文化的特征和精神特质。人类在大别山地区居住和活动的历史久远，在距今约5000多年前的新石器时代，这里就发现有人类文明的出现并发展到相当水平，大别山地区的河南信阳是中华文明的重要发祥地，安徽西部的皖西文化源远流长。春秋战国时期，楚国都城就位于大别山地区。湖北黄冈是中国古代四大发明之一活字印刷术的最早发明地。几千年来，大别山地区曾经发生过许多重大历史事件，悠久的历史使得这里名人辈出，杰出人物不断涌现。历史上这里走出过一批又一批的著名政治家、思想家、军事家、文学家、科学家，在历史的舞台上展现风采。如春秋时期楚国名相孙叔敖、爱国诗人屈原、史学巨匠司马光、理学大家程颢、医学巨人李时珍、民族英雄郑成功、鸿学大儒马祖常、文坛大家何景明以及现代科学巨人李四光、爱国诗人闻一多等历史名人巨匠都是跟大别山渊源颇深的著名人士。悠久的历史、深厚的文化在大别山留存了大量珍贵文化遗产和历史文化瑰宝，也铸就了独具特色的大别山地域优秀传统文化。这种特色文化中蕴含了中华民族爱国为民、勤劳勇敢、以人为本、牺牲奉献、艰苦奋斗、聪明智慧、舍生取义、反抗强暴、敢于斗争、锲而不舍、勇于胜利等优秀品质和文化精华，为大别山红色文化的孕育形成提供了深厚的文化基因。

许多中华优秀传统文化的精髓在大别山的地域传统文化中都留有深刻的烙印。比如中华文化中"经世致用""知行合一""躬行实践"的哲学思想；"以民为本""民贵君轻"的民本思想；"天下为公""大同世界""求同存异""和而不同"的和平发展理念；"自强不息""厚德载物""亦余心之所善兮，虽九死其犹未悔"的奋斗精神；"革故鼎新""与时俱进"的革命斗志；"集思广益""博施众利""群策群力"的集体主义精神；"安不忘危""存不忘亡""治不忘乱""居安思危"的忧患意识；"精忠报国""苟利国家生死以，岂因福祸趋避之"的爱国情怀；"舍生取义""人生自古谁无死，留取丹心照汗青"的牺牲精神；等等。代表中华民族传统的世界观、人生观和价值观以及忠诚、奉献、牺牲、民本、信仰等文化精髓在大别山文化长河中均有体现和蕴含，这种独具特色的地域传统文化为大别山红色文化的孕育形成产生了深刻的影响，也赋予了独特的风格。大别山红色文化深深植根于中华民族悠久历史文化土壤之中，在传承、汲取和结合大别山地区优秀传统文化及民族精神的精华中孕育形成，它赋予了中华民族优秀传统文化以科学的理论内涵、鲜明的时代特征与强大的实践力量，是中华民族优秀传统文化在大别山地区的生动体现和扬弃升华。

二、大别山地区特色鲜明的文化传统

大别山红色文化的孕育形成与大别山地区特色鲜明的社会文化传统息息相关。大别山地区文化源远流长、绵延不息，人文历史厚重独特，具有鲜明的地域文化印记和风尚特质。大别山地区处于鄂豫皖三省交汇之处，春秋战国时期属于楚国的疆域范围，虽地处南北交汇之地，却又深受中原文化的影响和熏陶。大别山的南部地区临近江南，吴文化在此也影响颇深。因此，大别山自古就是各种文化汇聚交流并存，多种思想互鉴共融发展的重要区域，是中原文化、荆楚文化和吴越文化的分界地区和交汇之地。各种文化汇集，使得奇谲浪漫、兼收并蓄的荆楚文化，海纳百川、不惧风险的中原文化以及诚信务实、精明聪慧的吴越文化在大别山地区相互冲击和碰撞交汇，各种文化中优秀文化因子交融互通，相互碰撞融合下，大别山地区形成了特色鲜明的民风民俗、社会心理、社会意识等，这些对于大别山红色文化的形成产生也有着深层次的心理和文化影响。

大别山独特而贫瘠的环境，艰苦的生存条件造就了大别山人民群众善良朴实，吃苦耐劳、勤俭节约的性格特点和敢闯敢拼敢干、勇于抗争、勇于创新的文化品格以及质朴坚韧、干练顽强的精神气质，使得大别山地区人民普遍具有革命信念强烈、革命行动坚定的优点，他们普遍以天下兴亡为己任，积极进行各种形式的反抗和斗争。大别山历史上由于地处战略要地，历来为兵家必争之地，中国历史上的许多大规模的战争对大别山地区多有波及。另外，这里为了反抗封建王朝的统治和压迫，曾经发生过多次大规模的农民起义，如西汉末年绿林军起义、元末徐寿辉农民起义等都在此地发生。许多历史人物如明末农民起义领袖朱元璋、南宋抗金名将岳飞等也都在大别山地区率军战斗过。鸦片战争以来，中国逐渐成为半殖民地半封建社会，为了反抗帝国主义和封建主义的压迫与剥削，大别山人民群众开始奋起反抗。例如，在1851年爆发的太平天国运动中，太平军自1854年开始，曾经先后十多次打入到大别山地区的鄂豫皖三省处，他们数次大败清军后，在大别山地区杀富济贫，开仓分粮，赈济百姓，在此地区的太平军与清军进行了长达十几年的拉锯战。与此同时，近代的捻军起义、白朗起义等，也都是以大别山为发源地或重要据点发动起来，这些起义斗争极大地鼓舞了大别山人民群众反封建剥削和压迫的精神和斗志。一方面，近代以来，面对帝国主义和封建统治阶级日益加深的压迫与剥削，大别山各地的人民群众为了生存，往往以传统的帮会形式聚集起来，他们烧香结拜，聚义造反，以集体的力量开展抗争。这些帮会形式的群众组织，虽然不可避免地具有其阶级的局限性和斗争的盲目性，并有相当大的封建迷信色彩，甚至有些帮会组织最后为反动统治阶级所利用，成为人民反抗斗争的敌对方，但在半殖民地半封建社会的旧中国，都在一定程度上打击了反动统治阶级的嚣张气焰。另一方面，近代以来，世代居住在大别山地区的地主乡绅，为了维护自身宗族的经济利益和家族安全，很多地主或大家族往往耗费巨资，建立起自己的自卫武装。有些地方特别是豫南等地还出现了各种"枪会"组织。随着大别山地区基层地主家族势力的不断膨胀和强化，大别山各地的社会矛盾日渐尖锐复杂，许多地方的民间矛盾不断激化，民间冲突不断，各种械斗乃至武力争斗屡见不鲜。

大别山地区历史上不断的抗争传统，近代以来阶级结构的变化以及社会矛盾的演进激化，都给大别山地区民众的精神性格和社会心理的形成留下了明显的文化印记。特别是1840年鸦片战争爆发以来，在西方列强的侵略之下，中华民族逐渐陷入半殖民地半封建社会的泥潭，大别山鄂豫皖边区的人民同全国人民一样，长期处于帝国主义、官僚资本主义和封建主义三座大山的经济剥削和政治压迫下，社会经济被破坏殆尽。再加上军阀连年混战，灾荒频仍，广大农民倾家荡产，流离失所，过着苦不堪言、极其悲惨的生活。到了民国初期，军阀之间战乱频仍，为了加强统治和争权夺利，地方军阀扩充军队，组织民团，他们采取"抽壮丁"的办法，规定按户计算，两丁抽一，强迫抓老百姓当兵入伍。许多青壮年为了躲避抓丁，被迫背井离乡，甚至自伤致残。地主军阀还横征暴敛，他们制定一系列法律、法令、规章制度，巧立名目，对人民进行残酷的政治压迫和经济剥削，大别山人民生活更为困苦。这一时期，大别山地区苛捐杂税多如牛毛，除清末原有的税照收外，又增加了人头税、户口税、屠宰税、印花税、棉衣捐、猪牛税、团防捐、犒赏费、枪支子弹费、保甲经费，衙门里的差役下乡送信传话，还得送"草鞋费"，名目之多，不胜枚举。1924 年，安徽军阀马联甲为进一步扩大其武装，巧立名目，增派田亩捐，催缴 20 年所谓旧欠钱粮，这些钱粮大部分转嫁到贫苦农民身上去了。1926 年，河南军阀在豫东南五县（包括金寨县西部的南溪、斑竹园、双河地区）强行筹备军饷，预征后四年的钱粮和各项捐税，而地方当局则又层层加码征收，人民群众被剥削得食不果腹，衣不蔽体，逃荒、要饭，出卖儿女，挣扎在死亡线上。同时，因为反动势力的剥削压迫，加上交通闭塞，大别山地区文化教育落后，人民群众文盲率非常高。"1927 年前，湖北的黄安、麻城、黄陂、孝感等县占人口总数 90％以上的农民大都是文盲。黄安县的青壮年文盲数竟高达 95％，适龄儿童能上学读书的也极少。"[1]

哪里有压迫哪里就有反抗。帝国主义和封建反动势力的残酷剥削和压迫，进一步激化了各种社会矛盾，天怒人怨，官逼民反。富有反抗精神和文化传统的大别山人民为了生存，各种反抗斗争不断，随着旧矛盾的尖锐激化以及在先进革命新思想的引导下，革命形势势不可当，大别山地区革命随时会如星星之火，一触即燃。大别山地区敢于抗争的特色鲜明文化传统为大别山红色文化的形成与发展提供了适宜的文化基因和社会土壤。

三、大别山地区新文化运动的启蒙

1911 年爆发的辛亥革命推翻了清王朝统治，结束了在中国延续了 2000 多年的封建主义帝制，建立起中华民国。虽然辛亥革命的胜利成果很快被袁世凯为首的北洋军阀窃取，最终未能完成民主革命的反帝反封建任务，但中国民族资产阶级所倡导的民主共和思想，通过辛亥革命这场伟大运动在中国人民中广泛地传播开来，极大地促进了中国人民的觉醒，慢慢将广大人民群众从封建愚昧的思想桎梏中解放出来。

受辛亥革命的影响，大别山地区及周边区域的社会结构和思想文化大

---

[1] 董纯才：《中国革命根据地教育史》第一卷，教育科学出版社 1991 年版，第 30 页。

为改变。在资产阶级民主主义思想文化的影响下，大别山各地纷纷兴起破旧俗、立新风，除迷信、拆庙宇、建学堂的潮流。一些资产阶级的进步知识分子，在此过程中发挥出引领作用，他们积极传播民主进步思想，反对封建复古倒退，提倡通过资本主义的政治改良消灭封建专制制度，恢复和争取中国主权，废除地主土地所有制，大力发展民族资本主义工商业，振兴经济和发展文化教育实业，以此使国家摆脱贫弱与落后面貌，抵御帝国主义的侵略，促进社会的进步与发展，这些文化思想的传播对大别山地区民众的思想启蒙起到重大影响。加上这一时期，北洋政府在各类学校中设置了一些包括新思想新文化内容的新课程内容，聘请的老师中许多来自受过资产阶级民主自由影响的知识分子，他们在授课过程中教授的内容是不同于旧的封建文化的新思想新文化新内容。使近代科学文化知识和西方民主思想在大别山地区的广大青年学生中开始迅速传播，为各种先进的新文化新思潮以及随后传入的马克思主义思想在大别山及周边地区的传播奠定了基础。

轰轰烈烈的辛亥革命最终以袁世凯为代表的北洋封建军阀窃取胜利果实而失败，但辛亥革命的影响意义深远。北洋军阀统治期间，政治黑暗、军阀混战、软弱卖国，在北洋军阀统治下的黑暗与混乱下，中国先进的知识分子并没有停止追求民主自由进步的脚步，他们依然在孜孜不倦地探寻救国救民的科学真理。

1915 年 9 月，陈独秀在上海创办《青年》杂志（1916 年改名为《新青年》），标志新文化运动在全国兴起。新文化运动高举民主和科学大旗，反对旧文化、旧思想、旧道德，是近代中国一场伟大的思想解放运动。新文化运动有力地打击了封建保守落后势力，推动了封建专制思想文化逐步瓦解，有力启蒙了中国人民的思想观念，促进了中国人民的思想觉醒。在新文化运动的推动下，全国迅速形成了一股势不可当的学习研究新文化思潮和思想解放运动，为马克思主义革命思想和科学理论在中国的传播打开了闸门，对大别山红色文化的最终孕育生成提供了必不可少的思想前提。

新文化运动兴起后，来自大别山及其周边地区的一批先进知识分子迅速在大别山地区宣传新文化和民主科学思想。1917 年 2 月，来自大别山的高语罕等人主张从改革教育、培养青年入手，通过普及国民知识，在民众中大力提倡新文化。他们广泛开展活动，竭力介绍新思想，以增强青年的社会责任心。1917 年 10 月，恽代英等人在武汉创办进步社团互助社，互助社以"群策群力，自助助人"为宗旨，宣传新思想新文化。1917 年 11 月，朱蕴山在安徽六安县筹办"安徽省立第三甲种农业学校"，进行新思想、新文化的传播。他们还在当地成立起爱国剧社，指导青年学生上街演出，他们演出的《朝鲜亡国惨史》《不平鸣》《新家庭》等文明新戏在当地的青年人中引起巨大反响。朱蕴山等人还在安徽六安城内举办工人、职员、失学青年的夜校，夜校通过开展一系列活动，宣传革命思想文化。其中许多学生后来渐渐成为领导皖西新文化运动的骨干力量。在安徽舒城、寿县等地，新文化运动也发展迅速，1918 年夏天，陈独秀陪同妻子高君曼回到她的故乡安徽省霍邱县探亲，带回了一些进步书刊，并应邀在县内讲学演讲。在讲学讲座中，陈独秀深刻揭露批判了帝国主义列强和北洋军阀的暴政罪行，号召青年学生和各界人士冲破旧思想的束缚，开展教育和政治的革新运动。

随着新文化运动的逐渐深入，民主、科学和新思想新道德新文学通过各种方式和渠道不断传播，新文化运动的浪潮逐步波及大别山的腹地。在豫南地区，许多追求进步的知识分子和青年学生广泛响应新文化运动，他们积极购买新式书籍、报刊，阅读并研究宣传新文化新思潮。特别在辛亥革命之后，大别山地区雨后春笋般建立起大量的新式学校，在许多新式学校里，新文化运动在广大师生中迅速成为流行热潮。河南省立信阳第三师范学校中创设了"第三师范贩卖部"，除了销售传统的教科书以外，还公开向青年学生推荐和出售各种进步书籍、报刊，学生们可从这里买到《新青年》《每周评论》《新潮》《心声》《国民》等宣传新文化运动的进步刊物，陈独秀、胡适、鲁迅等人的文章、杂文、小说等在师生中大受欢迎，省立信阳第三师范学校成为信阳地区向广大青年学子传播新思想新文化的重要窗口和平台。接受新思想新文化熏陶启蒙的大批追求进步的知识分子和青年学生，在思想上逐渐挣脱了封建专制思想文化的束缚，他们开始大胆地用批判的眼光观察社会，思考问题，探究答案。他们大声疾呼民主科学，开展了反对旧道德，提倡新道德；反对旧文化，提倡新文化；学习白话文，废除八股文等活动，追求民主、自由、科学的呼声在大别山地区日益高涨起来。

新文化运动在大别山及周边地区的广泛传播和深入开展，极大地冲击了封建专制主义思想文化，促进了人民群众的启蒙觉醒，解放了大别山人民的思想观念。大批大别山地区的进步知识分子在新文化运动的洗礼中，逐渐接受了民主、科学的革命思想，革命观念在大别山地区渐渐深入人心。思想的阀门一旦被打开，思想的潮水再也无法阻挡。大别山地区新文化运动的兴起和深入开展为马克思主义的传播扫清了思想障碍，为大别山及周边地区中国共产党政权的建立以及党领导的革命运动的爆发奠定了思想基础，有力地促进了大别山红色文化的孕育产生。

第二节　马克思主义在大别山地区的传播

"没有革命的理论，就不会有革命的运动。"[①] 作为以马克思主义为理论基础和行动指南的马克思主义政党，科学理论的指导是中国共产党建立的不可或缺的思想基础。红色文化是中国共产党在领导新民主主义革命斗争中孕育生成的，以马克思主义为指导思想，马克思主义理论是红色文化生成的理论基础和思想指南。科学理论的指导是红色文化的灵魂命脉，决定了红色文化的性质方向，关系着红色文化的生机活力。

---

① 《列宁全集》第二卷，人民出版社 2013 年版，第 445 页。

中国的近现代史，既是一部中华民族饱受欺凌、积贫积弱的屈辱史，也是一部中华民族不屈不挠、勇于抗争的奋斗史。面对内忧外患的民族危机，为了反抗帝国主义、封建主义和官僚资本主义的压迫和剥削，争取民族独立，人民解放，近代以来，广大中华民族先进分子不断学习探索尝试，寻求救国救民真理，形成了多种进步、革命的文化思潮，这些文化思潮在大别山地区产生了深远影响，为马克思主义的传入提供了思想条件。

马克思主义的广泛传播和思想指导是红色文化产生的关键，也是大别山红色文化孕育形成和丰富发展的灵魂。马克思主义是迄今为止人类历史上最先进、最科学的思想体系，它揭示了人类社会发展的普遍规律，指引着人类社会发展的方向，是指导无产阶级实现自身解放的思想武器，为广大人民群众改造客观世界和主观世界提供了全新的世界观和方法论，是指导无产阶级创造先进文化的核心要素和思想灵魂。

马克思指出："批判的武器当然不能代替武器的批判，物质力量只能用物质力量来摧毁；但是理论一经掌握群众，也会变成物质力量。理论只要说服人，就能掌握群众；而理论只要彻底，就能说服人。所谓彻底，就是抓住事物的根本。"① 马克思主义的广泛传播和科学指导不仅使中国革命实践有了正确的行动指南，同时也使包括大别山红色文化在内的中国共产党红色革命文化最终孕育产生有了思想基础和精神灵魂。中国共产党成立后，随着大别山地区中国共产党组织的建立，大别山革命斗争有了党的领导，在马克思主要科学理论的指导下，这种极具大别山地区特点、标识突出鲜明的文化传统、精神基因和社会心理为大别山红色文化的形成与发展提供了适宜的文化基因，一经中国共产党先进思想和科学理论的启蒙发动，立即引燃大别山革命激情的星星之火，形成大别山地区持久不息的革命浪潮。在长期波澜壮阔的革命浪潮中，孕育产生出伟大的大别山红色文化，锻造铸就了不朽的大别山精神。

---

① 《马克思恩格斯全集》第三卷，人民出版社 2002 年版，第 207 页。

一、五四运动的传播

1917 年 11 月爆发的俄国十月革命，开辟了人类历史的新纪元，对世界历史发展产生了深远的影响。"十月革命一声炮响，给我们送来了马克思列宁主义。十月革命帮助了全世界的也帮助了中国的先进分子，用无产阶级的宇宙观作为观察国家命运的工具，重新考虑自己的问题。"[1] 马克思主义传入中国，使中国人从此在精神上由被动转入了主动。

1919 年 5 月 4 日，五四运动爆发。"五四运动的杰出的历史意义，在于它带着为辛亥革命还不曾有的姿态，这就是彻底地不妥协地反帝国主义和彻底地不妥协地反封建主义。"[2] 在这场人民群众广泛参与的、彻底地反帝反封建的革命运动中，中国工人阶级踏上历史舞台，无产阶级领导的新民主主义革命从此开端。地处鄂豫皖三省边区的大别山地区也深受五四运动的影响，以青年学生为主导、各阶层群众广泛参加的爱国运动在大别山地区的鄂东、豫南、皖西各地迅速掀起高潮，各地爱国学生纷纷举行集会和示威游行，愤怒声讨帝国主义列强瓜分中国和北洋军阀政府丧权辱国的罪行，宣传号召人们抵制日货，以此声援支持北京、上海等大城市的爱国活动。与此同时，大别山地区爱国学生和先进知识分子们还广泛地对帝国主义侵略中国的罪行，对统治中国 2000 多年的封建专制思想进行了猛烈抨击。"打倒帝国主义""打倒封建主义"等革命口号迅速在大别山各地传播开来。五四运动最终取得了胜利，五四运动的胜利振奋了大别山人民群众的民主爱国热情和反帝反封建的斗争精神，从此，大别山革命斗争进入新的历史阶段。

在五四运动中，以陈独秀、李大钊为代表的知识分子看到了工人阶级的力量，他们开始逐步向共产主义者转变。1919 年 5 月，李大钊发表《我的马克思主义观》，首次比较系统地对马克思主义的基本原理进行了介绍。

---

① 《毛泽东选集》第四卷，人民出版社 1991 年版，第 1471 页。
② 《毛泽东选集》第二卷，人民出版社 1991 年版，第 699 页。

在李大钊等早期中国共产主义者的带动下，北京、上海、武汉等大城市，开始建立起大批宣传研究社会主义思潮的社团和刊物，它们积极开展马克思主义的研究和宣传，马克思主义成为思想文化主流和热潮。

二、马克思主义在大别山地区的传播

马克思主义在中国的传播历史中，大别山马克思主义的传播占有重要地位。大别山地区是中国学习、接受和传播马克思主义最早的地区之一。大批来自大别山鄂豫皖三省的知识分子和青年学生为马克思主义在中国的传播作出了重要贡献。五四运动后，大批来自大别山的有志青年为了探求救国救民真理，纷纷走出大山，来到上海、南京、武汉等大城市工作或求学，在这里，他们开始接触和学习到各种社会思潮，特别是关于马克思主义的书籍报刊，马克思主义坚持站在底层劳苦大众的立场以及对公平、平等、自由的价值诉求，立即吸引住他们，与近代以来先进的中国人苦苦寻求救国救民的革命理想产生了强烈共鸣，马克思主义的科学真理深深吸引住他们，他们慢慢接受了马克思主义，由此"中国人学得了一样新的东西，这就是马克思列宁主义"[①]。通过对马克思主义的学习研究，这些来自大别山的先进知识分子开始探究和初步明白了中国 2000 多年封建统治和中华民族国弱民贫的社会根源，他们也开始自觉主动地宣传起马克思主义。当他们在寒暑假放假回乡，或学成归来工作的时候，往往随身带回了许多关于马克思主义的理论书籍和进步刊物，这些书籍和刊物先是在大别山地区新式学校的师生中广为传播，接着又通过这些师生等知识分子向外传播，马克思主义逐渐向社会扩展开来。有了马克思主义的传入，从此，封闭的大别山地区有了先进思想火炬的照耀，先进的知识分子们逐渐打开了眼界，开阔了视野，解放了思想，他们认识到民族危亡的根源，看到了社会发展的光明前景，从而进一步激发他们积极探索国家和民族的前途和

---

① 《毛泽东选集》第四卷，人民出版社 1991 年版，第 1514 页。

出路。

随着学习和研究的深入，他们很快就接受了马克思主义的科学理论和共产主义社会的远大理想。为了扩大研究和宣传范围，他们陆续创立了一批进步团体组织，介绍、研究和宣传马克思主义和各种社会进步思潮。同时，一批在外地读书求学的青年学生，通过邮寄进步报刊或者假期回乡等方式，不断将介绍马克思主义的报刊书籍等带回到大别山的家乡，积极宣传马克思主义，很快，大别山地区就成为马克思主义宣传传播的重要阵地。

在早期马克思主义的宣传传播史上，陈潭秋、恽代英、董必武等一批来自大别山地区的先进知识分子发挥了关键性作用。他们通过多种形式，创办宣传阵地，积极宣传传播革命思想，培养革命骨干力量。1920 年 2 月，恽代英、林育南等人在武汉创办起一个进步团体"利群书社"，"利群书社"积极开展进步思想的研究和宣传，他们销售大量进步书籍，其中包括《共产党宣言》《共产主义 ABC》《新青年》等宣传马克思主义的革命书籍和进步刊物，通过办学招生、办报设刊等多种方式，"利群书社"积极开展了马克思主义的宣传传播，培养出大量革命人才，在马克思主义的传播历史中，"利群书社"是湖北武汉地区宣传马克思主义的重要阵地。1921 年 7 月，恽代英、林育南等 23 位进步青年在"利群书社"的基础上，在湖北黄冈进一步成立了共存社，共存社已经是一个具有共产主义性质的革命团体了。共存社的建立和活动为湖北地区中共早期共产主义组织的建立奠定了思想基础，准备了骨干力量。

恽代英利用多种机会传播宣传马克思主义，1920 年冬，恽代英回到河南信阳县，在信阳县的柳林老街，恽代英一方面积极传播马克思主义革命思想，一方面指导组织青年学生开展爱国运动。通过恽代英的宣传教育和指导组织，信阳广大青年学生革命思想得到启发，他们积极投身到推翻腐朽落后的专制制度、打倒封建旧礼教、破除迷信、提倡男女平等的改造社会的爱国运动中。同时，许多青年学生和进步知识分子在恽代英的影响、教育和启发下，纷纷加入互助社等进步团体组织，加入到宣传革命思想的队伍之中，积极开展爱国革命活动。他们利用午休或假日走上街头，向当地群众进行爱国宣传和革命演讲。互助社在信阳柳林老街的活动日趋活跃，影响也日渐大了起来，参加互助社的许多青年学生后来成为信阳南部中共早期地方组织的建立者，柳林老街也成为河南信阳革命运动的重要策源地和发源地。

这一时期，在上海参加五四运动的董必武等人，也积极传播革命思想。他们通过邮寄报刊和书信等形式，积极向大别山家乡的青年学生宣传五四运动，普及革命思想理论。在董必武等人的宣传教育和启迪下，一大批进步青年学生纷纷走出大别山，来到上海、武汉、北京等地读书求学，寻求先进知识文化，学习革命思想，并将这些新文化新思想以多种方式传回到大别山。从此，马克思主义在大别山扎下根，发了芽，播撒下革命的火种。

在大别山地区马克思主义的传播中，董必武起到了奠基者、开创性的作用。董必武（1886—1975 年），湖北黄安县（今红安县）人，出生于一个清贫的教师家庭，十八岁考取秀才，中学读书时由于受到革命团体日知会的影响，从而走上革命道路。曾亲身参加了辛亥革命、护法运动、护国运动和五四运动。受俄国十月革命和五四运动影响，董必武开始全面接受马克思主义，逐步实现由激进民主主义到共产主义的重大思想转变，并于1920 年在武汉成功创设共产主义小组。1921 年 7 月，董必武作为中国共产党早期组织武汉共产主义小组的代表，与陈潭秋一起在上海参加了中国共产党第一次全国代表大会，见证了中国共产党的创立。新中国成立后，董必武长期担任党和国家的领导人，先后担任中央财经委员会主任，政务院副总理，政务院政法委员会主任，最高人民法院院长，全国政协副主席，中共中央监察委员会书记，中华人民共和国副主席、代主席。

1919 年春，董必武来到上海。在上海期间，董必武结识了李汉俊，通过李汉俊的介绍，董必武初次接触到马克思主义，了解到十月革命，思想受到极大冲击，正如后来他说的那样："社会上有无政府主义、社会主义、日本的合作运动等，各种主义在头脑里打仗。李汉俊来了，把头绪理出来了，说要搞俄国的马克思主义。"从此董必武开始确立起马克思主义信仰，完成了由民主主义者向马克思主义者的重大转变。同时，在上海期间，董必武还遇到同乡张国恩等人，他们都是对马克思主义抱有浓厚兴趣的志同道合之人。结识之后，他们决定印制创办报纸，成立学校，作为宣传马克思主义革命思想的平台，董必武等人先后印制了一大批革命书刊，其中包括《共产党宣言》《共产党》《武汉星期评论》等革命书刊，这些书刊在广大进步青年学生中广为传播。与此同时，他们自己创办起《启人月刊》《黄安青年》《黄安通俗旬刊》等一些革命期刊，在这些革命文化期刊中，董必武等人亲自撰写文章，积极宣传马克思主义，普及科学文化知识，教育广大人民群众，启迪革命思想觉醒。1920 年 4 月 10 日，董必武、张国恩等人在武昌小东门粮道街 275 号正式创立私立武汉中学，武汉中学第一批招收了甲、乙两班学生。董必武与陈潭秋等人以武汉中学为枢纽中心，积极联络，联合起一群志同道合的同志，他们在民众中积极宣传先进文化和革命理论，广为传播革命思想。私立武汉中学迅速成为湖北地区宣传马克思主义的主要阵地。从此，由于地处九省通衢之地，交通便捷的武汉迅速成为宣传马克思主义革命思想的中心城市和主要阵地。

在大别山马克思主义传播史上，建党元勋陈潭秋也发挥了重大的作用。陈潭秋（1896—1943），名澄，字云先，号潭秋，湖北黄冈县（今湖北省黄冈市黄州区）陈策楼人。陈潭秋是中国共产党的创始人之一，作为党代表出席了党的一大、三大、五大、六大等全国党员代表大会。革命年代，陈潭秋先后担任过中共武汉区执行委员会委员、江西省委书记、福建省委书记等重要职务。1934 年 1 月在第二次全国苏维埃代表大会上，陈潭秋当选中华苏维埃共和国临时政府执行委员。1934 年 10 月，中央红军开始长征，陈潭秋留任中央苏区分局委员，领导开展游击战争。1935 年 8 月，陈潭秋与陈云等赴莫斯科参加共产国际第七次代表大会，并留驻共产国际工作。1939 年陈潭秋回国，担任中共中央驻新疆代表和八路军驻新疆办事处负责人，1943 年 9 月 27 日遭新疆反动军阀盛世才逮捕，不久被杀害，壮烈牺牲。

1919 年 6 月，陈潭秋作为武汉学生联合会代表来到南京、上海等地参观学习。在南京、上海期间经同乡介绍，陈潭秋结识了董必武。在董必武的影响和熏陶下，陈潭秋开始学习研究革命思想，他如饥似渴地学习马克思主义。在南京、上海的参观学习结束后，陈潭秋回到湖北。在武汉，陈潭秋邀请了几个同学一起创办进步团体组织——湖北人民通讯社，陈潭秋担任社长。1920 年春，董必武等人创立私立武汉中学，邀请陈潭秋前往武汉中学任职，担任教员并主持全校的内务工作。在武汉中学工作期间，为了扩大马克思主义的宣传，董必武、陈潭秋等会同包惠僧、张国恩等人多次邀请李大钊、恽代英等人前往武汉中学，在广大师生中进行演说讲座，以介绍俄国十月革命，宣传社会主义运动，传播革命思想理论。在武汉中学的积极宣传和努力下，大别山地区马克思主义传播逐渐进入高潮，武汉中学的名气也越来越大。在湖北，来自大别山地区黄安、麻城、罗田等地的青年学生纷纷慕名前往，以求学致知。这些来自大别山深处的莘莘青年学子在武汉中学学习期间，刻苦研究马克思主义，逐渐树立起马克思主义信仰，转变成为马克思主义者，其中许多人后来成为中国共产党早期武汉共产主义小组的重要成员，包括后来领导黄麻起义的总指挥潘忠汝、中共首任黄安县委书记董贤珏、首任麻城县委书记蔡济璜及继任者雷绍全、首任罗田县委书记李梯云，以及革命烈士王秀松、王志仁、汪奠川、王鉴等人。据统计，中国共产党早期组织武汉共产主义小组共有 7 名成员，其中 5 人有过在武汉中学的学习或工作经历。1927 年 11 月，党领导的黄麻起义爆发后，受到国民党反动派残酷镇压不幸失败，在镇压中牺牲的革命烈士中有 21 位曾经就读于武汉中学。可以说，黄麻起义的领导者基本上都来自武汉中学，全部是董必武的学生，他们无一例外都是在武汉中学接受革命思想的熏陶后走上革命道路。1920 年夏，董必武等人在武汉正式成立中国共产党早期组织——武汉共产主义小组。武汉共产主义小组成立后，武汉中学作为武汉小组的主要办公地和联络处在早期小组活动中发挥了重要作用。在此基础上，1920年11月，在武汉中学又成立了湖北地区第一个共青团组织：武昌社会主义青年团。1921年7月，中国共产党在上海正式成立，党的一大选举产生的中共中央局决定在湖北地区设立党的最高指挥机构——中共武汉地方委员会（不久改组扩大为武汉地方执行委员会兼武汉地区执行委员会），委员会的工作地点就设立在武汉中学。

经过董必武等人孜孜不倦的思想启迪和革命熏陶，包括来自大别山地区的无数仁人志士在这里"学得了一样新的东西，这就是马克思列宁主义"。他们弄明白了中国2000多年封建统治是近代以来中华民族国弱民贫的根源，为了实现美好社会目标，必须开展阶级斗争，以革命的手段改造社会。"漫天撒下革命种，伫看将来爆发时"，他们从此投身革命，前赴后继地开始走上轰轰烈烈的革命道路。武汉中学在大别山地区传播马克思主义的历史上作用极为突出，可以说，是策动大别山地区革命爆发兴起，点燃大别山燎原革命烈火的第一个"燃火点"。

董必武和陈潭秋等人在武汉中学传播革命思想，培养革命骨干，点燃起星星薪火后，大别山革命烈火即成燎原之势，马克思主义在大别山地区以势不可当之势迅速传播开来，研究宣传马克思主义成为大别山地区的一股强大的历史潮流。在大别山地区鄂豫皖其他省份，马克思主义也迅速传播开来。1919年春，在大别山深处腹地的安徽皖西地区，进步人士朱蕴山、桂月峰等共同创办了安徽省立第三甲种农业学校（即六安"三农"）。他们以农校为阵地，在学生中宣传新思想新文化，很快，农校便成为皖西大别山地区新文化运动和马克思主义传播的中心。第二年初，朱蕴山等人在农校联合一批进步青年学生组建"中国革命小组"，小组以学习研究马克思主义为主要内容。他们通过创办出版报刊书籍、撰写发表文章，宣传新思想新文化，传播马克思主义。朱蕴山担任《安庆评议报》的主编，撰写文章对当时安徽政局时事开展评议，宣传革命思想。1920年10月，在皖西霍山县，霍山燕子河燕溪小学校长徐狩西会同教师刘长青等7人建立学习小组，徐狩西任组长，学习小组以阅读进步书刊、学习马克思主义为目的，"每天晚上学习，讨论如何在中国实现革命，推翻封建军阀的统治，打倒帝国主义，铲除一切不合理制度"①。随着学习小组在学生中不断发展组员，学习小组的规模不断扩大，影响也日渐扩大，他们"较大的学生成立了活动组，每组 3～6 人……深入群众中去宣传广大劳动人民贫困的原因"②。为了扩大影响，学校还附设夜校，吸收进步知识分子和农民群众参加，有组织地进行学习活动。在他们的努力下，霍山当地一些出身富裕家庭的知识分子，如刘仁辅、徐育三等人纷纷参加学习小组，在不断学习中探索分析中国贫困落后的原因，并开始尝试研究俄国十月革命胜利的道路，从此走上革命道路。

同一时期，时任安徽省学生联合会会长的舒传贤回到家乡霍山县，努力宣传马克思主义。在他的影响推动下，马克思主义学习宣传在霍山各个学校蔚然成风，通过各种方式开展马克思主义的宣传学习。霍山县劝学所所长赵辅仁、第一高小校长黄楚三及第四高小教职员张景昆、秦维纲等人在自己所在的学校中，"把马克思学说列宁小史编入正课"，作为学校教材内容，让学生学习。他们成立"新文化学社"等进步团体组织，学习先进思想，传播革命理论。为了丰富扩大马克思主义的学习和传播方式，皖西地区的进步知识分子通过办学校、办报刊、开书店等多种方式，积极学习、研究和宣传马克思主义。1921 年，霍山第二高小教师郑普燕创办了新衡书店，书店销售报刊书籍中包括大量的革命报刊书籍。1922 年，霍山县人徐狩西创办了进步刊物《醒狮》，刊物对旧中国统治阶级的腐败和帝国主义列强的罪恶进行了无情揭露和猛烈抨击。1923 年，胡苏明等人在六安城关鼓楼创办进化书局，书局从芜湖的科学图书社购买各种进步书刊，公开或秘密地在六安当地进行发行。此外，安徽皖西大别山其他地区，革命思想和马克思主义也在迅速而广泛地传播。1922 年底，在阜阳省立第三师

---

① 金寨县档案馆：《燕溪小学校史》。
② 同上。

范读书的袁新民、李何林等 10 多人参加了马克思主义读书会，他们于 1923 年回到霍邱城关建立学习组织，学习宣传马克思主义。随着大批学习小组等团体组织的建立和活动开展，皖西大别山地区马克思主义学习活动日趋活跃起来，他们除成立"青年读书会"等进步团体，组织广大进步师生学习马克思主义等进步思想理论之外，还成立了诸如新文化演剧社、歌咏队等多种形式的组织团体，通过歌舞、戏剧等形式积极向当地人民群众进行新思想、新文化的宣传，由于形式新颖，内容丰富，思想科学，这些团体的活动深受当地民众的欢迎和拥护。参加团体的其中一部分人慢慢接受马克思主义的指引，走上革命道路，成为后来发动领导皖西大别山地区革命运动的重要领导人。

处于大别山深处的皖西金寨县是中国早期马克思主义传播的一个重镇。1922 年，在金寨县白沙河禅堂蚕业学校任教的进步教师张子敬、杨珂、汪少襄等人，在蚕业学校领导组织成立了同学会，同学会会员达 48 人之多。同学会学习研究马克思主义理论，创办书籍报刊，向当地贫苦农民广泛宣传反帝反封建爱国思想和革命理论。这个学校中，参加同学会的很多教师后来加入了中国共产党，成为较早加入中国共产党的党员。中共金寨县第一个党支部就是在这所蚕业学校成立的，蚕业学校党支部的很多成员如李梯云、周维炯、漆德玮等人，后来成为大别山地区著名的立夏节起义的主要领导人和骨干力量。

除了蚕业学校的马克思主义宣传学习，金寨其他地方马克思主义学习传播也在如火如荼地开展。1922 年，在金寨志成小学工作的詹谷堂、袁汉铭等人组织发起成立了马克思主义学习研究会，参加学习研究会的人员达 80 多人，他们一方面在研究会积极学习研究马克思主义理论，另一方面以多种形式开展活动，进行社会实践，扩大马克思主义的宣传。研究会的成员经常带领学校的学生走出校门，深入落后农村，向广大贫苦农民传播革命思想，宣传男女平等、妇女放足、禁止纳妾等反封建思想，他们每到一处，往往使周围地主老财陷入恐慌，承诺不敢再向农民催租加佃，地方官宦、富豪骑马坐轿听到他们到来也纷纷绕道躲避。在詹谷堂等人领导下，研究会组织志成小学的全校师生编写印制《为反对军阀，反对帝国主义告同胞书》①（以下简称《告同胞书》）传单，在当地贫困农民群众中广为印发。《告同胞书》深刻地分析了旧中国各界人民群众的痛苦及其产生的根源，痛斥了洋大人、兵大爷、老财主的罪行，指出无产者"享受光明和幸福"的出路。《告同胞书》就像一把刺向旧中国旧世界黑暗统治的矛枪匕首，是一篇愤怒声讨帝国主义和一切压迫人民大众反动阶级的战斗檄文。特别是文中提到的"无产阶级""一切无产者""大联合""大团结""摧碎我们的枷锁"，显然是受到马克思主义革命思想的影响而成文，说明当时马克思主义在金寨地区传播已经达到一定的高度和深度。

金寨这一时期传播马克思主义的还有袁汉铭、陈绍禹等人。1922年，来自金寨南溪和汤家汇等地的袁汉铭等人联合20多名进步知识分子，在商城创办了商城书社，书社经营销售马克思主义理论书籍和进步书刊，吸引团结了许多年轻知识分子，他们以书社为中心开始革命思想的学习教育。为了帮助读者学习，袁汉铭等人还在商城书社成立了商城学会，学会在县立中学、城关一小、平民夜校、女子小学等学校设立有分会。安徽金寨人陈绍禹此时也在积极地宣传马克思主义思想。1924年秋，陈绍禹联络外地回乡的一些青年学生成立豫皖青年学会，截至1925年，参加青年学会的人员达100多人。金寨各地学习组织的建立和活动的开展，为当地学习传播马克思主义，宣传新思想新文化，启迪豫皖边区广大人民群众的革命觉悟，起到了重要的作用。

在皖西其他地方，1921年1月，寿县人高语罕编写的《白话书信》出版，这是安徽省区域内最早系统传播马克思主义的书本。《白话书信》通俗地叙述了马克思关于科学社会主义的基本知识，阐明了中国的社会运动应该以科学社会主义为指导，应该采用俄国十月革命的方法解决中国的社

---

① 中央档案馆馆藏资料，复印件存金寨党史办。

会问题，等等。《白话书信》在安徽马克思主义传播历史中占了重要地位。1921 年，钱杏邨（笔名阿英）应邀来到六安省立第三甲种农业学校任教。在农校教授国文课时，钱杏邨对俄国十月革命作了介绍，高度赞扬了十月革命的历史意义，对十月革命的领导者列宁作了较为详细的介绍，同时对新文化运动中的代表人物陈独秀、李大钊、鲁迅等人的作品进行了阅读学习。钱杏邨在农校的教学活动教育了广大学生正确认识世界和社会，开阔了学生的视野，启发了学生的思想，促进了学生的觉醒。在皖西霍邱县，当地人蒋光慈、韦素园等人还远赴俄国，学习先进知识，了解马克思主义真理的力量。韦素园是中国社会主义青年团团员，1921 年当选为中国社会主义青年团代表，前往莫斯科参加列宁主持召开的共产国际第三次代表大会。会后，韦素园留在莫斯科学习马克思主义。蒋光慈于同年秋赴莫斯科，与韦素园同入莫斯科东方劳动者共产主义大学。1922 年暑假，韦素园提前回国，带回一些革命书籍。他在结束回乡探亲后，即去北京法政专门学校继续学俄语，并与其四弟韦丛芜及同乡同学李霁野、台静农、曹靖华等人，在鲁迅的指导下，成立未名社，这是中国现代文学史上"一个实地劳作，不尚叫嚣"的青年文艺社团。韦素园在外学习期间，不断给大别山家乡邮寄《共产党宣言》《新青年》等进步书刊报纸，在他的影响和引导下，韦素园的许多亲朋好友先后走上革命道路。此外，大别山地区还有在霍山县创办新衡书店的郑晋燕，在六安县城关鼓楼开办进化书局的胡苏明等人，他们均以经销书刊为掩护，秘密发行销售进步书刊。1924 年冬，共产党员王绍虞等人回到六安，他们以城关进化书局为据点，联络地方知识界 60 多人，成立了以"研究学术，促进民治"为宗旨的六安青年协进会。共产党员罗亨信于 1926 年春从安庆回到六安县苏家埠，在苏家埠的第三高小，罗亨信组织了马克思主义学习小组，后又成立了青年研究社，吸引参加青年学生和工人达 70 多人。1923 年 6 月，在安庆读书的六安县籍人士杨溥泉，被安庆社会主义青年团推举，与柯庆施一起筹备"马氏研究会"。这些在外求学工作的青年学生和知识分子也经常邮寄或将革命报刊书籍带回家乡，如《资本论入门》《共产党宣言》《唯物史观浅说》《社会进化史》《向导》《新青年》等，供家乡进步知识分子学习研究，同时，他们利用寒暑假回乡作社会调查，宣传马克思主义。皖西先进知识分子在大别山各地通过设立团体机构，学习宣传马克思主义，马克思主义在大别山地区得到迅速而广泛的传播，为大别山地区党组织的建立和扩大奠定了思想基础，培养了骨干力量。

在大别山地区的马克思主义传播历史中，有一本书的地位非常重要，影响深远。1926年，金寨县白塔畈镇光慈村人，大别山地区著名革命者、诗人、小说家蒋光慈撰写发表了小说《少年飘泊者》，该书以自述的方式讲述了一位名叫汪中的农村少年，在其父母惨死于地主之手后，不得不流浪异乡，经历了各种坎坷遭遇，但汪中依然信念不改，仍坚持不懈地追求幸福、反抗压迫，最终成长为一名革命者的故事。《少年飘泊者》出版发行后，立即在全国范围内产生广泛影响。人们从小说中普遍感受到当时的中国苦难深重，中国人民在黑暗深渊中的苦苦挣扎，小说鼓舞推动了革命者投入新的斗争。许多读者读过小说后，纷纷给蒋光慈写信，称这部小说为"指路明灯"，郭沫若称赞这部小说是"革命时代的前矛"。《少年飘泊者》出版后，短短6年间再版重印了18次之多，小说激励了当时一批有志青年走上革命道路，参加革命斗争。习仲勋、陶铸等老一辈无产阶级革命家后来回忆说，他们之所以走上革命道路，与一本书的巨大影响分不开，他们都是受到《少年飘泊者》的影响而决心投身革命的。

1919年五四运动以后，大别山及周边地区的进步知识分子和青年学生在五四运动的胜利中得到鼓舞，更加广泛地发动起各阶层的民主运动。他们怀着拯救中华、改造社会的强烈愿望，组织进步团体，创办进步刊物，努力学习和研究马克思列宁主义等能够指导中国革命的理论学说，探寻改造中国的革命道路。大别山地区掀起了思想解放运动的高潮。与此同时，一批初步接受共产主义思想的大别山鄂豫皖地区的先进知识分子走出书斋和课堂，开始将马克思主义与工人阶级、农民阶级的革命运动结合起来，他们探索如何将革命理论与革命实践相结合，更广泛地宣传和组织群众，进一步促进了群众革命运动的向前发展。在马克思列宁主义的引导和革命的实践活动中，大别山地区一批无产阶级革命的先锋战士迅速成长起来。

中国共产党始终是中国先进文化的重要创造者、积极传播者和模范践行者。中国共产党是马克思主义先进文化与中国工人运动相结合的产物。从成立之日起，中国共产党就将马克思主义作为自己的指导思想和行动指南，在积极传播马克思主义科学真理，启迪解放人民群众的思想中肩负领导救国救民的革命任务。理论是实践的先导。毛泽东指出："文化是反映政治斗争和经济斗争的，但它同时又能指导政治斗争和经济斗争。"① 大别山地区的先进知识分子在宣传传播马克思主义中，将之与在大别山地区风起云涌的革命运动结合起来，在实践中进一步扩大传播了马克思主义，取得显著效果。从此，作为一种先进文化形态，马克思主义对大别山红色革命的产生、发展发挥着主导作用，自董必武、陈潭秋等革命先行者高擎马克思主义的旗帜，使马克思主义在大别山地区广泛传播，大别山人民学习掌握马克思主义的科学理论后，立即点燃了革命薪火，照亮了黑暗的大别山。从此，马克思主义科学真理和共产主义革命理想在大别山地区优秀传统文化的土壤里生根、发芽，促成了大别山地区人民群众的文化觉醒，为大别山红色文化的最终形成注入了思想灵魂，奠定了理论基础。

---

① 《毛泽东文集》第三卷，人民出版社1996年版，第109—110页。

大别山红色文化生成的实践逻辑

马克思主义基本观点认为，社会存在决定社会意识，社会意识对社会存在具有能动的反作用。"物质生活的生产方式制约着整个社会生活、政治生活和精神生活的过程。"[①] 文化作为一种特殊的社会意识形态，自然也是社会存在的产物。任何文化形态的形成都有其特定的生成条件和实践逻辑。作为人类精神生活的一部分，一定的文化生成于特定的时空背景和社会环境之中，是那个时代的人们在实践基础上孕育创造而来的。中国共产党创造的红色革命文化同样遵循这一逻辑。正如列宁所说，无产阶级文化并不是从天上掉下来的，也不是什么人凭空杜撰出来的，而"应当是人类在资本主义社会、地主社会和官僚社会压迫下创造出来的全部知识合乎规律的发展"[②]。

鸦片战争以来，在西方帝国主义不断侵略，以及国内封建主义、官僚资本主义的联合剥削压迫之下，旧中国丧权辱国，积贫积弱，处于民族危

---

① 《列宁全集》第二十六卷，人民出版社 2017 年版，第 58 页。
② 《列宁全集》第三十九卷，人民出版社 2017 年版，第 334 页。

亡的边缘。中国人民饱受磨难，历经苦难，陷入水深火热的深渊。为了拯救国家命运，争取人民自由，振兴中华，自那时起，一代又一代先进的中国人进行了不屈不挠的英勇斗争，在探索救国救民的道路上，无数仁人志士为之不惜流血牺牲，正如毛泽东所说："灾难深重的中华民族，一百年来，其优秀人物奋斗牺牲，前仆后继，摸索救国救民的真理，是可歌可泣的。"① 但可惜的是，由于国内各个阶级的阶级局限性等各种主观客观原因，这些努力尝试和探索都无一例外的失败了，中华民族的落后面貌和中国人民的悲惨命运并没有得到根本改变。

1921 年 7 月，中国共产党成立了。"中国产生了共产党，这是开天辟地的大事变。"② 自从有了中国共产党，中国革命的面貌就焕然一新了。为了实现中华民族伟大复兴的历史使命和重任，中国共产党团结领导各族人民开始了争取中华民族独立解放、中国人民平等自由的革命斗争，为此，中国共产党作出了不懈的努力，付出了巨大的牺牲，终于取得了革命的胜利，建立起新中国，中国人民从此站了起来。在长期的革命斗争实践中，中国共产党领导广大人民群众和人民军队在开展社会革命，夺取革命胜利的同时，也在自觉地改造着精神世界，培育锻造形成了丰富的红色革命文化。党的坚强领导是大别山红色文化孕育生成的主导力量，党领导大别山地区广大人民群众和革命武装是大别山红色文化孕育生成的主体力量，党在大别山开展的长期武装斗争是大别山红色文化孕育形成的实践基础。

第一节　大别山地区中国共产党的坚强领导

"现实的人"是改造客观世界和主观世界的唯一主体，也是创造形成作为精神成果的文化的唯一主体，人类的社会实践活动是文化孕育产生的

---

① 《毛泽东选集》第三卷，人民出版社 1991 年版，第 796 页。
② 《毛泽东年谱（1893—1949）（修订本）》下卷，中央文献出版社 2013 年版，第 574 页。

源泉和基础。"文化是人类在社会实践活动中，发挥主观能动性所开展的一系列创造性实践活动的最终成果。"① 红色文化孕育根植于半殖民地半封建社会的旧中国社会环境和中华优秀传统文化的文化土壤中，孕育生成于中国共产党领导的革命斗争的历史实践中。新民主主义革命时期，中国共产党及其领导的人民群众、革命武装是武装斗争主体力量，是红色革命文化孕育生成的创造主体。

2019 年 9 月，习近平总书记在河南考察时指出："鄂豫皖苏区根据地是我们党的重要建党基地，也是中国工农红军的诞生地之一。"② 大别山地区革命的火炬是中国共产党点燃的，大别山革命斗争是在中国共产党领导下开展起来的。鸦片战争以后，中华民族危机重重，面临着亡国灭种的危险，近代以来中国国内的各种阶级力量和政治派别先后提出过不同的救国方案，并为此做过各种途径的努力，但均以失败告终。1917 年俄国十月革命爆发后，特别是 1919 年五四运动前后，随着马克思主义的深入传播和工人运动以及广大人民群众反帝反封建活动的广泛开展，中国一批激进的民主主义者如李大钊、陈独秀等人开始转化为共产主义者，他们作为中国共产党的创立者和领导早期党的活动骨干分子，为中国共产党各级党组织的建立奠定了组织基础。大别山地区是中国共产党重要的建党基地。1920年 8 月，武汉共产主义小组成立，共有 7 名成员，其中董必武、张国恩、赵子健、陈潭秋、包惠僧 5 名成员来自大别山地区，董必武、张国恩、赵子健三人是湖北黄安（今红安）人，陈潭秋、包惠僧两人是湖北黄冈人。1921 年 7 月 23 日，中国共产党第一次全国代表大会在上海召开，董必武、陈潭秋作为武汉共产主义小组的代表，参加了党的一大，见证并完成了中国共产党"开天辟地"的建党伟业。此外，参加党的一大的黄冈人包惠僧是受陈独秀的委派，与广州共产主义小组代表陈公博一起参加的党的一大。参加党的一大的一共有 13 位代表，按照籍贯统计，有 4 位代表是从

---

① 周宿锋：《红色文化基本问题研究》，吉林大学 2014 年硕博士学位论文。
② 《习近平关于社会主义精神文明建设论述摘编》，中央文献出版社 2022 年版，第 155 页。

大别山地区走出来的，分别是董必武、陈潭秋、包惠僧和刘仁静，数量占代表总人数的近 1/3，是所有代表籍贯中比例最高的地区。此外，党的一大选举产生了中国共产党的第一个中央领导机构中共中央局，中央局由陈独秀、李达和张国焘三人组成，陈独秀任书记，他是安徽怀宁县人，在地理位置上也属于大别山地区。

大别山地区有了共产党，大别山的面貌也为之焕然一新。在大别山地区，自 1921 年中国共产党诞生到 1949 年新中国成立，大别山地区党的活动从未间断，党对大别山革命斗争的领导就没有停止过。1921 年 7 月，中国共产党创建后不久，大别山地区就开始建立起党的组织，开展党的活动。这里是全国最早建立党组织的地区之一和中国农村最早建立党的基层组织的地方。党的创始人陈独秀、李大钊、董必武、陈潭秋等人指导了这里的建党活动，播下了革命火种，使大别山地区成为建立中国共产党的组织较早、群众基础深厚、工农运动蓬勃兴起的革命风暴发源地之一。1921 年 7 月，恽代英、林育南等 23 位进步青年在利群社的基础上，于湖北黄冈成立了共产主义性质的革命团体共存社，开始了独立建党的一系列活动。1921 年 7 月，中国共产党在上海成立，共存社的骨干成员恽代英、林育南、林育英等人听到这个消息十分振奋，不久，他们也先后加入中国共产党。1921 年 11 月，陈潭秋、林育南等人在家乡黄冈的陈策楼和八斗湾成立了当地最早的党小组，后来发展为党支部。之后，大别山地区许多地方的党组织如雨后春笋般建立起来。在安徽，1922 年春，中共小甸集小组在大别山地区的寿县成立，次年冬，小甸集小组扩建为小甸集特别支部，这是安徽境内第一个农村党支部。在皖西大别山地区的金寨县，党的组织建立发展十分迅速。1920 年，金寨白塔畈进步知识分子蒋光慈经陈独秀介绍，加入中国社会主义青年团，1922 年转为中共党员。1924 年金寨人詹谷堂在武汉念书时结识董必武，经董必武介绍加入中国共产党。不久，詹谷堂回到金寨后发展了曾静华等人入党。10 月，詹谷堂、曾静华等以讲学的方式来到笔架山农校，在这里他们发展了该校"青年读书会"的骨干李梯云、周维炯等人加入中国共产党，并在笔架山农校成立了由李梯云任组长的党小组。不久，笔架山农校党小组扩展为党支部，李梯云任书记。1925 年 3 月，詹谷堂回到家乡南溪，在南溪明强小学担任校长职务，其间，他积极发展党员，先后吸收王凤池、曾昭烈等进步教师入党。同时詹谷堂大力加强党组织建设，在明强小学建立了党支部。1925 年底，明强小学党支部和笔架山农校党支部合并成立特别支部，詹谷堂担任特别支部书记。金寨境内其他地方的党组织建立和发展也十分迅速。1926 年秋，李声武任书记的中共简家坳支部成立。8 月至 9 月，汪少襄任书记的禅堂（白沙河）和太平山党支部以及汪品清任书记的太平山党支部分别成立。1927 年 3 月，罗银青等人成立漆家店（沙堰）党支部，罗银青本人担任书记。在此期间，袁汉铭在商城县中、一小、女小、平民夜校等学校发展了商南进步知识分子詹庆岳、雷承清等加入中国共产党，并相继成立了支部、特支，袁汉铭任支部书记、特支书记。1926 年 10 月，原商城、麻城、罗田三县边区成立了中共商罗麻边区特别支部，肖大椿被选为书记，负责商南革命活动的联络工作。从此，商城、罗田、麻城三县边区党组织活动便进入了一个新的阶段。到了 1927 年春，金寨地区金家寨、燕子河、白塔畈等地的党组织吸收了很多知识分子加入党组织，党的组织进一步发展。10 月，刘仁辅担任书记的中共燕子河支部成立；11 月，袁继安担任书记的中共古碑冲支部成立；与此同时，在白塔畈、大岗、开顺街一带也成立了白塔畈党支部，支部里有袁新民、汪映西等党员近 10 人。在金寨地区党组织迅速发展的同时，党的共青团组织也在同一时期建立起来。在金寨的斑竹园一带相继建立了小河、桥口、简家坳、吴家店等共青团支部，支部有团员 20 多人。

在安徽大别山的其他地区，党组织也相继建立起来。到 1926 年 6 月，六安、霍邱二县建立了两个特支、一个特组，其中霍邱乌龙庙特支下辖 5 个支部。在寿县境内，建立起 3 个支部，下辖 10 个党小组，在此基础上，1927 年 7 月，寿县（寿风）临时县委成立。1925 年 6 月在潜山、1926 年 8

月在桐城、1927 年 1 月在宿松，党小组或党支部也先后建立起来。

在大别山地区的河南境内，党的组织发展也十分迅速。在各地党支部、党小组建立的基础上，1925 年 7 月，中共信阳地方执行委员会成立（隶属中共北方区委领导，管辖范围包括现信阳市、驻马店市及南阳市部分县的豫南地区党组织），这是中国共产党在大别山地区建立的第一个地方执行委员会。

旧中国大别山地区人民群众饱受帝国主义和封建地主军阀的无情剥削压迫，苦难深重，革命意愿强烈。大别山各地的党组织建立之后，立即开始领导、发动人民群众开展革命活动。大别山地区的各地党组织党员干部利用各种身份、职业和活动作为掩护，在民众中广泛进行革命宣传动员，积极建立党的组织，发展党员，加强党组织的各项建设，为即将到来的农民运动、武装暴动和革命斗争培养了大批革命领导骨干。随着大别山地区党组织的建立，从此大别山的革命斗争有了坚强的领导力量，在中国共产党的坚强领导发动下，大别山革命的火种被点燃，大别山历史开启了中国共产党领导大别山革命斗争的新阶段。从此，大别山地区的广大人民群众有了主心骨，他们高高举起党的红色旗帜，自觉积极地接受党的宣传和领导，义无反顾地投身到翻身闹革命的历史洪流之中，并迸发出澎湃的革命激情、昂扬的革命斗志，让革命的星星之火在大别山终于汇集成燎原之势。

在新民主主义革命时期的每个历史阶段，大别山地区党的组织一直存在，并随着形势的变化和发展不断加强，大别山的革命斗争始终在党的领导下开展。大别山重要的地理位置和战略地位，使得中国共产党始终高度关注和重视大别山地区党的领导工作。在土地革命时期，1931 年 3 月，周恩来指出："此地较中央苏区为好，更易发展，而形成对敌人京汉铁路的威胁，必须加强。"① 当时党派遣了大量干部前往大别山地区，加强党的组

---

① 《周恩来年谱（1898—1949）（修订本）》，中央文献出版社 1998 年版，第 212 页。

织力量。解放战争时期，邓小平在谈到刘邓大军千里跃进大别山的战略意义时也强调指出："中原形势决定于两个山，一个是大别山，一个是伏牛山，敌人最关切的还是大别山，它比伏牛山更重要，中原要大定就要把大别山控制起来。"①

为了充分利用和发挥大别山独特的地理位置，重要的战略地位和作用，在革命年代里，根据中共中央指示精神，大别山地区建立起各级地方党的组织，统一领导大别山革命运动，这些地方党组织在隶属关系上基本上直属于中共中央或中央分局领导。中共中央高度重视大别山地区党的领导，以党中央的派出机构的形式和体制机制保证党的路线、方针、政策在大别山地区的贯彻实施，同时党中央不断派遣大量优秀党员干部前往大别山任职，以坚持和加强党对大别山革命斗争的领导。

在新民主主义革命时期的四个不同阶段，中共中央先后在大别山地区设立了四个中央局及其省区委：第一，土地革命时期，1927年10月，中共湖北省委决定成立黄麻区特委，作为领导发动黄麻起义的领导机构。起义成功后，湖北省委将黄麻区特委改为鄂东特委，后又改为鄂东北特委、鄂豫边特委，以统一领导鄂豫皖边区的革命斗争。1929年3月，鄂东特委决定成立商（城）罗（田）麻（城）特别区委，成功领导发动了立夏节起义（商南起义）。1929年10月，为了领导皖西地区的革命，中共中央决定成立中共六安中心县委，直属中共中央领导。随后，中共六安中心县委成功领导了六霍起义。随着鄂豫皖三大起义的爆发，大别山武装力量和革命斗争面临新的形势和任务。为了加强统一领导，1930年2月，中共中央决定设立鄂豫皖边特区，建立中共鄂豫皖特委。在党的领导下，大别山地区工农武装割据局面不断发展壮大，党中央对鄂豫皖根据地的战略地位更加重视。1931年春，中共中央决定设立中共鄂豫皖中央分局，派遣张国焘担任鄂豫皖中央分局书记，代表党中央统一领导大别山地区革命斗争。5月，

---

① 《邓小平文选》第一卷，人民出版社1994年版，第99页。

鄂豫皖中央分局在光山县新集（今新县）正式成立。与此同时，中央决定撤销鄂豫皖特委，成立鄂豫皖临时省委，领导鄂豫皖三省的革命运动。1932年1月，沈泽民任书记的中共鄂豫皖省委正式成立，鄂豫皖省委下设有鄂东北道委、豫东南道委、皖西北道委等地方党委。1932年，随着鄂豫皖苏区第四次反"围剿"失败，鄂豫皖中央分局率领鄂豫皖苏区红4方面军主力撤离了大别山，按照中央命令要求，中共鄂豫皖省委继续领导各地的武装部队，留在大别山地区继续开展武装斗争。到了1934年11月，留在大别山领导游击斗争的中共鄂豫皖省委率红25军长征，离开大别山后，在大别山地区的革命队伍又重建起以高敬亭任政委的红28军，继续统一领导大别山地区的党、政、军工作，坚持游击斗争。同时，中央决定成立以沈泽民任省委书记、高敬亭任省苏维埃政府主席的鄂豫皖省委和省苏维埃政府。第二，1937年7月，全面抗日战争爆发后，随着抗日民族统一战线的建立，为了适应抗日战争的新的形势和要求，中共中央设立起若干中央局，领导抗日战争。这一时期，大别山地区党的组织主要隶属于中共中央中原局，在中原局的领导之下，大别山地区分别在各地设立起边区党委、中心县委、工作委员会等组织架构，开展大别山地区的抗战。第三，1945年秋，抗日战争胜利，党中央在豫南重新成立中共中央中原局，加强对大别山革命的领导。第四，进入解放战争时期，刘邓大军千里挺进大别山后，为了进一步加强大别山党的领导力量，党中央再次设立起中原局及鄂豫区党委、皖西区党委。

为了坚持、加强和巩固党的领导，贯彻落实党中央的方针、政策，党中央除在大别山设立各级党的组织之外，还不断选派大批优秀干部前往大别山地区，担任各级党组织领导工作，高峰出现在鄂豫皖苏区时期。随着鄂豫皖三大起义的成功，鄂豫皖地区革命形势不断高涨，为了加强党的领导力量，20世纪30年代初，中共中央先后派遣数以百计的党务、政务、军事等领导干部前往大别山地区任职，领导大别山的革命运动，其中如徐向前、郭述申、许继慎、沈泽民等人为大别山革命斗争作出了巨大的贡献。在派遣革命干部前往大别山的同时，大别山地区土生土长的一大批党的领导干部，如吴焕先、高敬亭、郑位三、李先念、刘名榜等人在长期革命斗争中，也逐渐成长成熟起来，他们成为领导大别山革命斗争的骨干力量。这些被选派或者斗争中培养成长起来的大批党的优秀领导干部，成为革命的不同时期领导大别山地区革命斗争的核心领导和骨干力量。革命时期，正是因为党的高度重视，各级党组织的不断加强以及广大党员干部的坚强领导，有力地保证了党的路线、方针、政策在大别山地区的贯彻执行，大别山地区革命斗争始终能够在党的坚强领导之下坚持开展，党的旗帜始终能够在大别山的山峰上高高飘扬。

"领导我们事业的核心力量是中国共产党。"[①] 大别山上有了中国共产党，有了党的领导，大别山的革命斗争面貌从此焕然一新。大别山地区人民群众和革命武装在党的领导下，从此开始坚决的革命斗争。事实证明，大别山革命斗争中，大别山地区哪里建立起党组织，哪里的党的领导就坚强有力，革命斗争就始终坚决。这些地方革命的红旗始终在大别山高高飘扬，后来基本上都发展成为鄂豫皖革命根据地的中心区域。此后，党在大别山领导的武装斗争从未间断，革命根据地各项建设也从未间断。在血与火的革命斗争中，一旦大别山人民认定了党，就坚定不移地跟党走。无论是革命顺利发展时期，还是在遭受严重挫折阶段，他们都义无反顾地追随中国共产党，浴血奋战、前仆后继，甚至不惜抛头颅、洒热血，大别山革命斗争不断，大别山革命火种不灭，在创造了大别山"二十八年红旗不倒"的革命奇迹的同时，也孕育锻造出光辉灿烂的大别山红色文化。

---

① 《毛泽东年谱（1949—1976）》第二卷，中央文献出版社 2013 年版，第 283 页。

第二节　大别山地区人民群众对革命事业的参加支持

　　马克思主义认为，人民群众是历史的真正创造者。人民群众的实践活动推动了社会的发展，形成了人类历史，创造了人类文明，孕育生成了丰富的人类精神文化成果。中国共产党领导的新民主主义革命斗争实践创造了红色革命文化，广大无产阶级和人民群众是大别山红色文化的创造者和实践者。新民主主义革命时期，在中国共产党的正确领导下，在马克思主义的启蒙、指导和武装下，无产阶级的发展壮大和大别山广大人民群众积极参与革命构成了红色文化形成的主导力量和主体基础。

　　近代以来，随着西方列强对中国侵略剥削的加深，西方资本开始大规模进入中国，在沿海通商港口城市出现了中国第一批产业工人。19世纪60年代以来，随着洋务运动的开展，特别是1895年《马关条约》后清政府允许民族资本开矿设厂，中国无产阶级不断发展和壮大。据不完全统计，五四运动前，中国工人阶级的数量已经达到200万人。工人阶级是中国先进生产力和生产关系的代表，具有高度的组织性和纪律性。由于旧中国极其低下的社会地位和极其悲惨的社会生存境遇，中国工人阶级具有极强的革命性和斗争性。此外，旧中国无产阶级绝大多数出身于破产农民，决定了他们同农民有着天然的不可分割的联系，他们能够在革命斗争中结成最为坚固的阶级联盟。中国工人阶级的发展壮大为中国新民主主义革命提供了领导力量。1919年爆发的五四运动宣告中国无产阶级作为一支独立的政治力量正式登上历史舞台，中国革命由此进入新民主主义革命时期。随着工人阶级的不断发展壮大，建立中国共产党的阶级基础已经成熟，在中国工人运动与马克思主义的结合中，中国共产党应运而生。中国无产阶级的发展壮大和中国共产党的诞生及其对中国革命的领导，使红色文化孕育生成的主导力量这一核心要素具备了。

在中国共产党的领导下，马克思主义在中国得到迅速传播，成为引领中国历史发展和时代进步的主导思想。马克思主义先进文化与科学理论在人民群众中得到广泛传播，先进文化一旦被人民群众所接受，就会爆发出无穷的力量。在大别山地区，近代以来人民群众被无情地剥削压迫，苦难深重的悲惨命运，使得他们能够自觉地积极接受党的宣传和领导，决心跟党走，听党话，起来抗争，革命的烈火从此在大别山被点燃并越烧越旺。同时，在领导大别山革命斗争中，大别山地区的各级党组织、党员干部和革命军队牢记党的宗旨，坚持全心全意为人民服务，始终与人民群众想在一起、干在一起，同甘共苦，生死与共，不断实现和满足人民群众根本利益，从而赢得了大别山人民群众的拥护、支持和帮助。土地问题是旧中国最根本的社会问题，是占到旧中国人口90%以上的中国农民的根本利益所在。大别山斗争期间，中国共产党领导人民开展土地革命，想方设法解决农民赖以生存的土地问题，满足广大农民对土地的诉求。土地革命时期，1927年11月黄麻起义成功后成立了黄安农民政府，随即制定了《土地问题决议案》，对没收地主财产、开仓分粮等工作作出一系列规定，在当地发动和领导农民轰轰烈烈地开展起土地革命。1929年，鄂东北特委会制定了《临时土地政纲》，随后又通过《鄂豫边革命委员会土地政纲实施细则》等文件法规，以指导当地的土地革命；在安徽金寨，1930年六安中心县委依据党的六大有关土地问题的精神，先后制定《土地政纲实施细则》《森林办法》，明确规定"耕者有其田"的土地政策，这是皖西革命根据地第一个区域性土地革命政策法规。这些土地政策解决了根据地农民最关心的土地问题，满足了农民世世代代梦寐以求的获得土地的愿望，有效地维护了农民群众的根本利益。大别山农民第一次得到了属于自己的土地，生产积极性和革命热情高涨。农民分得了土地，工人改善了生活，妇女得到了解放，取消了债务，废除了苛捐杂税，土豪杀尽，政权到手，行路也得安心，呼吸感觉自由。人民群众深刻认识到"共产党是为穷人翻身，是劳苦大众的"，大别山人民群众革命积极性空前高涨，他们竭尽所有，用实际行动和无私奉献支持党、支持军队、支持革命斗争。大别山人民踊跃参军拥军，参加革命斗争，壮大革命力量。比如仅安徽金寨县一地，就有近10万人参军参战。同时，广大人民群众踊跃支持革命斗争，他们积极给党领导的革命军队送粮送衣、送医送药、抬送伤员、传递情报，大别山涌现"父送子，妻送郎，兄弟争相上战场"的感人景象。这种广大人民群众支持支援革命斗争的壮丽景象，正如湖北红安一带流行的一首描绘战争场面的革命歌谣所唱的那样："小小黄安，人人好汉；铜锣一响，四十八万；男将打仗，女将送饭。"这是大别山中国共产党依靠人民，团结人民，党与人民一心，齐心协力，团结一心，相互支援，赢取胜利的鲜活场面。

有了广大人民群众的广泛参与，大别山地区党领导革命斗争有了坚实的物资保障和不竭的力量来源。在血与火的革命斗争中，得到了人民群众衷心拥护和支持的大别山革命斗争出现了"村村寨寨铜锣响，山山岭岭红旗扬。家家户户忙打仗，男女老少齐武装"军民合作、热火朝天的革命场景，党政军民万众一心、协同奋进，建立起革命战争的铜墙铁壁。党和人民军队有了人民群众的支持，如鱼得水，纵横驰骋，这是弱小的鄂豫皖苏区红军能够生存、发展、克敌制胜的根本原因。徐向前在《历史的回顾》中回顾关于大别山革命斗争时深情地说："共产党武装起义成功，打土豪、分田地，搬掉压在人民头上的大山，人民群众打心眼里拥护革命。每次'会剿'来临，群众纷纷藏粮食，进深山，封锁敌人，支援红军。有些群众被敌人抓住，百般受刑，至死不吐露红军的一点消息。在大别山地区党组织领导下，男女老少拿起扁担、矛子、大刀、土枪四处出击，弄得国民党军风声鹤唳，草木皆兵，防不胜防。"① 不仅是在革命形势高涨时期，就是在革命低潮时期，大别山人民群众也依然义无反顾地支持党和革命武装。1932年底，随着红4方面军主力撤离鄂豫皖根据地，国民党反动派血洗大别山，对根据地人民实行灭绝人性的"三光"政策，鄂豫皖革命根据

---

① 刘晖、侯远长：《大别山精神：内容特征及传承》，《中国延安干部学院学报》2016年第1期。

地的形势空前严峻，但随着红 25 军、红 28 军的重建，根据地军民在党的领导下，与敌军展开殊死搏斗，建立了一块巩固的游击根据地，使革命红旗始终飘扬在大别山地区。在此过程中，大别山党组织带领广大人民群众积极配合红 25 军、红 28 军继续坚持战斗，义无反顾地投身革命斗争，人民群众的鼎力支持和积极参加革命对鄂豫皖革命根据地坚持继续斗争起到了至关重要的作用。

进入抗日战争时期，党领导下的新四军创建了豫鄂边抗日根据地，根据地人民积极参加抗击日伪军的敌后战争，开展起轰轰烈烈的民族救亡运动。1941 年 1 月，皖南事变发生后，面对国民党反动派对根据地的"清剿"，根据地人民坚持斗争，不断扩大敌后抗日根据地，粉碎了日军和国民党反动派消灭新四军的企图，为抗日战争的胜利奠定了坚实的基础。

到了解放战争时期，1947 年 8 月末，随着刘邓大军千里跃进大别山，大别山人民积极参军入伍，参加革命队伍。仅 1947 年 10 月至 12 月的 3 个月时间，鄂豫军区四分区的县、区武装就发展到 2000 余人，五分区发展到 2500 人，其中广济县一个月就发展到 700 余人，新县一次就有 600 多名青壮年报名参军。大别山群众踊跃支前，河南新县提出"拥护大军，支援大军"的口号，全县上下出现男子为解放军带路送情报、抬担架、转运伤病员、保管军用物资，妇女为解放军缝补浆洗、看护伤病员的动人景象。金寨群众纷纷节衣缩食，踊跃献粮捐衣，仅铁冲乡高畈村村民就为驻军献大米 7007 斤、稻谷 1512 斤、烧柴 2490 斤、棉衣 16 件、鞋子 49 双。后来，刘伯承元帅在回顾大军进山，创建大别山解放区这段艰苦历史时，十分感慨地指出："这就足以表现了人民战争的本质，我们依靠的是人民，蒋介石依靠的是碉堡。"[①] 人民群众的广泛参与与无私支持，"这就是第二野战军在大别山战斗及全部人民解放战争胜利的关键。"[②]

---

① 刘怀望、武凌君：《刘邓大军在大别山的群众工作经验及启示》，《月读》2013 年第 11 期。

② 刘晖、侯远长：《大别山精神：内容特征及传承》，《中国延安干部学院学报》2016 年第 1 期。

在整个革命斗争时期，大别山地区中国共产党人始终牢记党的宗旨，践行一心为民的价值追求。紧紧地依靠和发动广大人民群众，换来了人民群众革命热情的不断高涨和革命意志始终坚定，得到了人民群众的衷心拥护和鼎力支持。刘名榜是河南省新县人，1928年参加革命，1929年带领农民自卫军参加白沙关"万人暴动"，同年9月加入中国共产党。1934年11月，中共鄂红25军北上长征，离开大别山，国民党调集数十万大军"进剿"根据地。留守大别山的刘名榜领导游击队伍坚持武装斗争，保证了大别山革命火种不灭，红旗不倒。抗日战争爆发后，在整个14年抗战时期，刘名榜一直没有离开过鄂豫皖根据地，使党在这里始终保持着一支武装力量。解放战争初期，他领导游击队，再次处于一个极其艰难困苦的时期，他依然坚持革命斗争直至解放战争时期。1947年9月，刘邓大军千里跃进大别山后，刘伯承、邓小平亲切接见了刘名榜等99名游击队员。刘名榜在极其艰苦的条件下，紧紧依靠根据地群众，坚持在大别山地区革命斗争20余年，他所领导的游击队一直得到人民群众的掩护和支持。当他把情况向刘邓首长作汇报的时候，邓小平十分严肃地说："对，我们离了党的领导，活不成！离开了人民，离开了枪杆子，更活不成！"[1]正是紧紧依靠人民群众，大别山地区的党和革命队伍才得到了人民群众的支持和拥护，大别山的革命斗争才能坚持下来。

人民群众支持、掩护和帮助党和革命队伍坚持革命斗争的故事在大别山地区比比皆是，不胜枚举。在红25军长征出发地河南省的何家冲，流传着"何大妈舍己救红军"的感人故事。1934年11月，红25军长征出发后，国民党军队对何家冲反复扫荡，"清剿"遗留在当地的红军战士。有一次国民党反动武装进村"清剿"，抓住了一位在村里养病的红军伤员。为了救这名伤员，房东何大妈对敌人谎称这是自己儿子，敌人不信，何大妈就用自己的眼睛作"担保"。残忍的敌人用枪托捣瞎了何大妈的右眼，

---

① 刘晖、侯远长：《大别山精神：内容特征及传承》，《中国延安干部学院学报》2016年第1期。

又在她的腿上捅了一刀，何大妈倒在血泊中，仍紧紧抱着自己的红军"儿子"，最终敌人相信了何大妈的话。在何大妈的舍命相救下，这位红军伤员躲过一劫，幸存下来。正是千千万万像何大妈这样的大别山人民的支持、帮助、牺牲、奉献下，大别山革命斗争才能够始终不断，大别山的红旗才能够始终高高飘扬。

整个新民主主义革命时期，在大别山鄂豫皖地区，中国共产党充分宣传、发动革命群众，数量之多，规模之大，声势之强大，在中国共产党领导的革命历史上是绝无仅有的，极为罕见的。鄂豫皖三省边区人民在中国共产党的动员领导下，在远大的革命理想感召下，大别山一批又一批的优秀儿女投身革命事业，献身革命理想。据统计，从1921年到1949年党领导的新民主主义革命的28年里，大别山地区鄂豫皖三省总计有200多万人义无反顾地投入革命斗争。党领导人民群众和革命军队，人民群众和革命武装团结一心、齐心协力，坚决对敌斗争，为大别山革命的胜利奠定了坚实基础和保障。也正是有了人民群众的积极参与和鼎力支持，大别山地区党和人民军队武装斗争获得了源源不断的蓬勃力量，大别山创造了"二十八年红旗始终不倒、二十八年武装斗争始终不断"的革命奇迹，与此同时，铸就培育出伟大的大别山红色文化和大别山革命精神。

第三节 大别山"二十八年红旗不倒"的革命实践

实践是认识的前提和基础、认识又反过来能动地指导实践是马克思主义的基本观点。没有革命的行动，就没有革命的文化。红色文化的生成要素中需要主导主体、群众基础和组织领导，同时还需要在实践中才能锻造生成。"中国共产党一经成立，就把实现共产主义作为党的最高理想和最终目标，义无反顾肩负起实现中华民族伟大复兴的历史使命，团结带领人民进行了艰苦卓绝的斗争，谱写了气吞山河的壮丽史诗。"① 红色文化源自于革命实践，中国共产党领导的新民主主义革命是红色文化孕育生成的实践基础，同时，红色文化一旦生成发展，就会发挥巨大的能动作用，为新民主主义革命的胜利提供精神动力和思想保障。

大别山红色文化产生于大别山地区特定的时空环境之中，新民主主义革命时期中国共产党在大别山地区领导的革命实践是大别山红色文化生成的实践基础。大别山红色文化是大别山地区人民群众和革命军队在党的领导下、坚持马克思主义科学真理指导、在长期的革命斗争实践中孕育形成并不断丰富发展而来的。

大别山辉煌的革命斗争是孕育大别山红色文化的实践沃土，是大别山红色文化孕育形成的历史基础。大别山革命历史辉煌，按照中国的新民主主义革命时期的一般分期，在大革命、土地革命、抗日战争和解放战争四个历史阶段，大别山地区始终都在党的领导下，坚持革命武装斗争。自1921年7月党的成立到1949年10月新民主主义革命胜利，新中国成立的整整28年间，在革命年代的四个不同历史阶段，大别山地区都坚持革命斗争不断，创造出辉煌革命成就。

大革命时期，为了支持和配合北伐战争，处于南北要冲的大别山地区的人民群众在党的领导下，普遍开展了声势浩大的农民运动，这里成为全国农民运动最为活跃的地区之一，为北伐战争的胜利推进提供了巨大的人员物资支援和后勤保障。大别山地区的党和人民在领导开展农民运动中，也经受了大革命的考验、洗礼和锻炼。在大革命不断涌向高潮的时候，大别山地区农民运动蓬勃展开，为了适应农民运动快速发展的需要，大别山地区党组织选送大批优秀年轻干部前往广州农民运动讲习所和武昌中央农民运动讲习所等地学习，一批农民运动的领导骨干成长起来，为此后土地革命的兴起培养了领导力量。随着农民运动深入发展，截至1927年3月，

---

① 《习近平著作选读》第二卷，人民出版社2023年版，第11页。

大别山地区鄂豫皖三省边区的各县、区、乡普遍建立起农民协会组织，加入农民协会的农民和群众达到 130 多万人。各地农民协会组织在积极开展对地主阶级的斗争、组织民众支援北伐战争、打击土豪劣绅的暴乱反扑方面发挥了重要作用。同时，为了保卫胜利果实，大别山地区的各县区还普遍把广大贫苦农民组织和武装起来，建立起农民自卫军，农民自卫军数量最高时达几十万人之多。这是在大别山地区中国共产党创建并领导的较早的农民革命武装，农民自卫军和早期农民武装斗争的开展，有力地保证了大别山地区大革命的开展，也在大别山地区扩大和夯实了党的群众基础，这里成为大革命时期党的群众基础最好的区域之一，为后来党在大别山进一步领导武装斗争奠定了坚实基础。

土地革命时期是大别山革命历史最为辉煌的时期，这一时期，党在大别山地区创建了全国第二大的革命根据地——鄂豫皖苏区。1927 年 4 月和 7 月，蒋介石、汪精卫等国民党反动派背叛革命，他们先后发动反革命政变，大肆捕杀左派人士、共产党员和革命志士，在全国制造白色恐怖统治，轰轰烈烈的大革命失败了。在中国革命的危急关头，中共中央于 1927 年 8 月 7 日在汉口召开紧急会议（八七会议），会议总结了大革命失败的经验教训，确定了土地革命和武装反抗国民党反动派的总方针，把领导农民进行秋收起义作为当前党的最主要任务。在八七会议上，毛泽东提出"枪杆子里面出政权"的重要思想。面对国民党蒋介石的黑暗统治和白色恐怖，大别山地区的党组织坚决贯彻八七会议精神，揩干身上的血迹，高举武装斗争的旗帜，领导大别山人民坚决开展斗争。他们不怕艰险、不畏牺牲、勇于革命，先后在鄂豫皖边区组织发动了黄麻起义、立夏节起义（商南起义）和六霍起义等一系列起义暴动，打响了大别山武装革命斗争的枪声。

1927 年 11 月 13 日晚，中共黄麻特委领导发动起义暴动。湖北黄安的自卫军、义勇队和农民群众 3 万多人，在党领导下，手拿土枪、刀矛和扁担涌向黄安城，发动黄麻起义。次日黄安县城被攻下，随后，起义军成立了黄安县农民政府和中国工农革命军鄂东军，黄麻起义宣告成功。黄麻起义打响了大别山鄂豫皖地区武装反抗国民党反动统治的第一枪，是中国共产党继领导发动南昌起义和秋收起义之后，在长江以北地区领导发动的规模最大的武装起义，黄麻起义创建了大别山鄂豫皖地区第一个工农民主政权——黄安县农民政府，第一支工农革命武装——中国工农革命军鄂东军。中国工农革命军鄂东军后改编为中国工农红军第11军第31师，吴光浩任军长兼师长。这是鄂豫皖苏区根据地发展和红4方面军建军的起点。黄麻起义成功后，国民党军队进行了疯狂镇压，派出大量军队"围剿"鄂东军，最终，因鄂东军寡不敌众，军队只剩下72人，为了保存革命力量，他们被迫转移到黄陂县木兰山坚持游击战争，后于1928年1月改编为中国工农革命军第7军。至1928年3月，部队再次整合缩编，划分为4支短枪队分散到周边各县开展游击活动，这支部队基本就是后来鄂豫皖根据地主力红军的雏形。

1929年5月，在今安徽金寨县境内（原河南商城县南部），当地党组织领导发动了大别山鄂豫皖边区的第二大武装起义——立夏节起义（商南起义）。1928年2月，中共南邑特别区委员会（又称商南区委）在商城县南部建立，商南区委成立后随即开始了在商南地区发动暴动起义的准备工作。1929年春，中共鄂东特委将商南地区与湖北省罗田县北部、麻城县东部划为特别区，同时成立了以徐子清为书记的中共特别区委，继续为在这片地区发动起义作准备。5月6日是立夏节，当日夜，打入当地丁家埠、李家集民团内部的共产党员周维炯利用立夏节饮酒聚会的时机，率领部分民团士兵发动起义。在党组织的统一领导下，其他各地牛食畈、斑竹园、吴家店、南溪等地的农民武装也积极响应，同时发动起义暴动，各地起义武装迅速解除了当地民团的武装，很快控制住商南的大部分地区。9日，各地起义的武装部队汇集在商城斑竹园（今属安徽金寨县），宣布成立以周维炯任师长、徐其虚任党代表的中国工农红军第11军第32师。红32师全师下辖第97团、第98团两个团。6月，红32师以起义和投诚的国民党军 1 个连和 40 余名散兵为基础，整编组成第 100 团。立夏节起义（商南起义）的成功，在鄂豫皖边区创建了第二支工农武装部队——中国工农红军第 11 军第 32 师，同时开辟创建豫东南革命根据地。

1929 年 11 月，在安徽省西部的六安和霍山地区，中共六安中心县委领导发动的六霍起义全面爆发。1927 年 10 月，六安和霍山两县的党组织，积极开展了发动武装起义的准备工作，至 1929 年秋，起义条件基本成熟。11 月 7 日，六安三区（独山区）农民协会常委兼秘书何寿全和农协会员盛荣秀、李奇仙 3 人被地主武装自卫团抓捕，这一事件成为引发六安三区武装起义的直接导火索。8 日清晨，独山周围 15 个乡共计数千名贫苦农民，手持大刀、长矛和土枪，直驱独山镇，包围自卫团，迫其释放了农协秘书并交出 10 余支枪械，起义队伍很快占领了独山镇。9 日，独山暴动成功的消息传来，六安各区和邻近各县党组织决定立即发动起义，六霍起义成功。1930 年 1 月 20 日，根据上级指示命令，各地游击武装被加以整编组织，统一改编为中国工农红军第 11 军第 33 师，徐百川任师长，张建民任政治部主任（后为姜镜堂）。全师共计 200 余人，下辖第 106 团、第 107 团两个团。六霍起义的成功，创建起中国工农红军第 11 军第 33 师，开辟了皖西革命根据地，进一步扩大了苏区根据地的范围。

从 1929 年至 1930 年底，经过两年多艰苦斗争，中国共产党在大别山的鄂豫皖边区先后领导发动了黄麻起义、立夏节起义（商南起义）和六霍起义三大起义暴动，先后建立了三支革命武装，开辟出三块革命根据地，大别山土地革命从星星之火，渐渐形成燎原之势。随着鄂豫边、豫东南、皖西三块根据地革命形势的不断发展，为了适应斗争的需要，实现党的集中统一领导，中共中央决定将三块根据地连为一体。1930 年 3 月，根据中央的指示精神，鄂豫边、豫东南、皖西三块根据地被统一划为鄂豫皖边特别区，同时中央决定成立中共鄂豫皖边特委，统一领导鄂豫皖边特别区的武装斗争。接着，中共中央进一步统一边区武装军队，决定成立由许继慎任军长，徐向前任副军长的中国工农红军第 1 军，第 1 军由原红 11 军的第

31 师、第 32 师、第 33 师组成。与此同时，为了加强对根据地的领导，开展根据地政权建设，1930 年 6 月下旬，鄂豫皖边区召开了第一次工农兵代表大会，选举产生了鄂豫皖边区苏维埃政府。中共鄂豫皖边特委、中国工农红军第 1 军以及鄂豫皖边区苏维埃政府的相继成立，标志着鄂豫皖革命根据地正式形成。

随着鄂豫皖革命根据地的形成发展，大别山地区工农武装割据不断发展壮大，党中央对大别山根据地越来越重视。1931 年 5 月，中共中央决定设立鄂豫皖中央分局、鄂豫皖省委和省苏维埃政府，加强对根据地的领导。1931 年 11 月 7 日，按照党中央的指示命令，鄂豫皖根据地工农主力部队统一改编为红 4 方面军，红 4 方面军正式成立，这是一支具有强大战斗力的红军力量。红 4 方面军成立后不久，面对国民党蒋介石对鄂豫皖根据地进行的第三次"围剿"，红 4 方面军立即实施了反"围剿"斗争。鄂豫皖根据地的第三次反"围剿"斗争中，红 4 方面军组织实施了黄安战役、商潢战役、苏家埠战役和潢光战役四大著名反"围剿"战役，红 4 方面军坚持正确的战略战术方针，连战连捷，破除了国民党蒋介石对根据地的第三次"围剿"。由此，鄂豫皖根据地进入迅猛发展时期，在其鼎盛时期，根据地发展到东起淠河、西迄平汉路、北濒淮河、南至黄梅和广济，横跨鄂豫皖三省广大地区，总面积 4 万余平方千米，人口 350 余万，拥有 6 座县城，并建立起 26 个县革命政权的革命根据地。红军主力部队最高发展到 4.5 万余人，根据地各县的独立师、游击队和赤卫军等也发展到 20 余万人。至此，顶峰时期的鄂豫皖苏区成为面积、人口、军队数量等方面仅次于中央苏区的全国第二大革命根据地，也成为土地革命时期，党在长江以北创建的最大规模的革命根据地。

鄂豫皖革命根据地时期的斗争历史辉煌，根据斗争形势的发展与变化，鄂豫皖革命根据地历史大体上可分为四个阶段。

第一，根据地创建阶段。

1927 年秋，南昌起义的枪声和党的八七会议决议，给鄂豫皖边区的党组织和革命人民指明了方向。在毛泽东领导的湘赣边界秋收起义的影响下，1927 年 11 月，党在大别山鄂豫边界黄麻地区发动起义，揭开了大别山党领导武装革命的序幕。随后，1929 年 5 月，党在豫东南的商城南部成功发动立夏节起义（商南起义）。同年 11 月，又领导皖西的六安、霍山等地农民发动六霍起义。党领导大别山地区的三次武装起义给鄂豫皖边区国民党反动统治以沉重的打击，分别创建了工农红军第 11 军第 31 师、第 32 师及第 33 师三支革命武装，开辟出鄂豫边、豫东南及皖西三块革命根据地。以此为基础，1930 年 4 月，按照党中央的决定，中共鄂豫皖边特别区委员会成立，并将红 11 军的三个师统编为红 1 军。1930 年 6 月，鄂豫皖特区苏维埃政府正式成立。鄂豫皖革命根据地正式形成。

第二，根据地的巩固和发展阶段。

鄂豫皖革命根据地创建后，从 1930 年冬至 1932 年夏，红军连续粉碎了国民党蒋介石对根据地发动的三次"围剿"。1931 年 1 月，遵照中央指示，红 1 军与蕲（春）、黄（梅）、广（济）地区的红 15 军合编为中国工农红军第 4 军。4 月，为了加强根据地党的领导，中共中央派遣张国焘、沈泽民、陈昌浩等人先后到达苏区，成立了以张国焘任书记的中共中央鄂豫皖分局。7 月，河南新集为鄂豫皖革命根据地首府的鄂豫皖苏维埃政府成立。1932 年 1 月，中共鄂豫皖省委成立。随着党的领导力量的加强，鄂豫皖革命武装力量也不断整合加强，1931 年 10 月，红 25 军成立，11 月，红 4 军与红 25 军合编为中国工农红军第 4 方面军。这一时期，由于根据地反"围剿"斗争连续取得胜利，鄂豫皖根据地面积不断扩大。根据地人民在党和苏维埃政府的领导下，一方面开展武装斗争，另一方面进行了轰轰烈烈的土地革命运动，同时鄂豫皖根据地的政权、经济、文化教育、卫生等各项事业的建设也蓬勃开展起来，根据地内呈现一派欣欣向荣的景象。到 1932 年夏，鄂豫皖革命根据地发展到高潮，成为拥有 6 座县城、26 个县的苏维埃政权，苏区总面积约 4 万平方千米，根据地的总人口达到 350 万，根据地内，红 4 方面军总兵力也达到 45000 余人，各县区的地方革命武装也达到 20 万以上，鄂豫皖根据地进入极盛时期。

正当鄂豫皖根据地蓬勃发展，大别山革命形势不断高涨之际，1932 年夏，蒋介石亲任总指挥，再次率领军队进攻大别山，他纠集起 30 万国民党军队，对鄂豫皖根据地进行了第四次"围剿"。为了破除国民党蒋介石的"围剿"，大别山军民在党的领导下奋起抵抗，浴血斗争，给予国民党反动军队以沉重打击。但由于敌我力量过于悬殊，加上鄂豫皖中央分局的主要领导张国焘等人，极力推行王明"左"倾错误路线，红军在反"围剿"中，对敌作战接连失利，红 4 方面军主力被迫在 1932 年 10 月实行战略转移，撤离大别山，一路西征转战 3000 里，从大别山打到大巴山，建立起川陕革命根据地。

第三，保卫根据地斗争阶段。

红 4 方面军主力撤离鄂豫皖根据地后，根据地大部分丧失，苏区人民群众在敌人的重重围剿下，遭到敌人残害屠杀，革命力量大为削弱，大别山革命斗争处在极为艰苦困难的时期。在严峻的斗争形势面前，留在大别山领导斗争的中共鄂豫皖省委及时调整思路，确立了独立自主坚持根据地斗争的指导方针。大别山军民并没有被敌人的凶残气焰吓倒，在党的领导下继续坚持斗争。1932 年 11 月，以留在大别山根据地坚持斗争的红军和地方武装为基础，红 25 军重建起来。在中共鄂豫皖省委的领导下，红 25 军紧紧依靠大别山地区广大人民群众，坚持在大别山地区开展游击战争，纵横转战达两年多时间，保持大别山党的旗帜屹立不倒。红 25 军的坚持斗争，不仅粉碎了国民党军队对大别山的"清剿"，一些丧失的根据地被重新夺回，还开辟了一些新的革命根据地。红 25 军成为红 4 方面军主力撤离大别山后，坚持大别山武装斗争的一支主力部队。

随着形势的变化，为了保存革命力量，创建新的革命根据地，北上抗日。1934 年 11 月，受中革军委和周恩来的指示，中共鄂豫皖省委率领红 25 军实施战略转移，他们高举"中国工农红军北上抗日第二先遣队"旗帜，从罗山县何家冲出发，穿越京汉铁路开始了长征。克服重重险阻，

1935年9月，红25军终于到达陕北，与陕北红军会师，胜利结束长征。

第四，坚持三年游击战争阶段。

随着红25军奉命战略转移，大别山革命力量削弱，大别山根据地的革命斗争进入异常艰苦的时期，国民党反动军队对大别山实行了惨绝人寰的烧杀抢掠，大别山革命人民遭受极其严重的浩劫。

为了保卫根据地，坚持革命斗争。在中共鄂豫皖省委率领红25军实行战略转移后，留守大别山的鄂豫皖省委常委高敬亭遵照省委指示，坚持对敌斗争。他集中留在大别山的部分武装部队近2000人，重建起红28军。高敬亭担任红28军政委，统一领导鄂豫皖边区大别山斗争。根据当时大别山地区斗争的具体情况，高敬亭组建起便衣队。便衣队坚持党的统一战线方针，紧紧依靠大别山贫苦农民，坚持集中与分散相结合的游击战术，机动灵活地在根据地开展革命斗争，给国民党反动敌人以有力的打击。在红28军的领导下，大别山军民在极端险恶的斗争环境下，以大无畏的英雄气概，坚持艰苦卓绝的游击战争达三年之久。三年里，红28军游击战斗范围达到大别山地区的45个县市，将国民党军队17万多人牵制在大别山地区。红28军的游击战争有力地策应了红军主力部队的长征，支援了南方8省党领导的游击战争。鄂豫皖根据地也成为红军主力长征后，南方8省坚持三年游击战争中开辟的15块游击根据地中面积最大的一个。红28军成为唯一保持军级建制的红军部队。红28军三年大别山游击战争使得革命的红旗始终飘扬在大别山上。红28军虽未参加长征，但坚持三年大别山游击战争创下的历史功勋却丝毫不逊于长征！1937年七七事变爆发后，高敬亭奉命将红28军及便衣队近3000人改编为新四军第4支队。改编后的新四军第4支队于1938年初开赴抗日前线。从此，大别山革命斗争进入抗日战争时期。

1938年春，第4支队在安徽蒋家河口击毙日军20余人，取得新四军组军后对日抗战第一枪的胜利。经过不懈努力，新四军第4支队及其后来发展改编而成的新四军第2师，在抗日战争中，创建起淮南抗日根据地，根据地面积达 2 万多平方千米，辖有 17 个县级抗日民主政权，区内人口达 330 多万人。与此同时，淞沪会战后，在李先念领导的豫鄂边区抗日武装基础上，建立起新四军第 5 师，新四军第 5 师一边坚持对日抗战，一边不断巩固发展了豫鄂边区抗日民主根据地。新四军第 5 师本身也在抗战中发展壮大起来，成为党领导的一支拥有 5 万余人正规军和 30 余万人民兵的华中重要抗日武装力量。在大别山地区武装力量改编而成的新四军第 2 师、新四军第 5 师在抗日战争中，共创建了面积达 12 万平方千米的抗日民主根据地，面积占整个抗日战争时期中国共产党开辟建立的民主根据地的 1/10 以上。同时，抗日战争时期新四军第 5 师先后抗击了 15 万名侵华日军和 8 万多名伪军，收复 9 万多平方千米的土地，1300 多万人民获得解放，建立起包括 8 个专区和 11 个中心县、66 个党政军组织齐全的县级抗日民主政权。新四军第 5 师的华中抗战在战略上有力地配合了其他革命部队的敌后抗战，是华中抗战的中流砥柱。

到了解放战争时期，大别山地区成为中国革命走向全面胜利的关键战略转折地。在解放战争的几个紧要历史关头，处于革命斗争最前沿的大别山，发挥了重要而特殊的作用。1946 年 6 月，国民党蒋介石撕毁和平协议，悍然向我中原解放区发动进攻。为了粉碎敌人的进攻，中原解放区部队在李先念等人的领导下，实施中原突围，他们胜利粉碎了国民党 30 万大军的围追堵截，胜利完成战略转移，中原突围也揭开了人民解放战争的序幕。到了解放战争的第二年，为了将战争从内线转向外线，根据党中央和毛泽东的战略部署，刘伯承、邓小平率领 12 万晋冀鲁豫野战军，千里跃进大别山。刘邓大军在陈毅、粟裕部队和陈赓、谢富治部队两路大军的策应配合下，于 1947 年 6 月，从鲁西南出发，抢渡黄河天险，突破敌人重重围追堵截，在千军万马中硬生生杀出一条血路，胜利进入大别山，完成了千里挺进大别山的战略任务。进入大别山后，刘邓大军迅速重建起大别山革命根据地，像一把刀刃插进了国民党蒋介石统治的中心地带。刘邓大军千里跃进大别山历史意义重大，揭开了解放战争人民军队由战略防御转向战略进攻的序幕，是解放战争的伟大战略转折点，为解放战争的最终胜利奠定了坚实的基础。毛泽东高度肯定和赞扬了千里跃进大别山的历史功绩，指出，"这是一个历史的转折点。这是蒋介石的二十年反革命统治由发展到消灭的转折点。这是一百多年以来帝国主义在中国的统治由发展到消灭的转折点。这是一个伟大的事变……这个事变一经发生，它就将必然地走向全国的胜利"①。正如毛泽东所言，在千里跃进大别山的两年后，1949年4月，人民解放军发起渡江战役，在渡江战役中，大别山作为革命的大后方，起到了支援前线的巨大作用，大别山地区人民群众积极地支前支援，为前线提供大量的物资、粮食以及兵员，为中国革命的最后胜利、新中国的建立提供了坚实的后勤保障和物资基础。

在新民主主义革命各个历史阶段，大别山党的活动和党领导的革命斗争始终没有间断。大别山革命斗争具有历史长、地域广、规模大、牺牲多、作用突出的显著特点。全国十大将军县中，大别山地区就有湖北红安、安徽金寨、湖北大悟、河南新县、安徽六安5个之多，占据整整一半。位于大别山地区鄂豫皖三省交界的湖北黄冈、河南商城、安徽金寨，是鄂豫皖革命根据地的三大中心区域。辉煌的革命历史更是在这三块区域留下了丰厚的历史印记和丰富的红色文化资源。

湖北省黄冈市地处大别山革命老区腹地，这是一片"血染红土三尺深"的土地，诞生了董必武、陈潭秋、包惠僧3位党的一大代表，培养了董必武、李先念2位国家主席，走出了林彪、王树声、韩先楚、陈再道、陈锡联、秦基伟等200多名开国将帅，培育了闻一多、熊十力、李四光、居正、汤化龙、王亚南等一大批民主革命先驱和仁人志士。革命战争年代，黄冈44万英雄儿女为民族解放和新中国成立献出了生命。位于大别山南麓、鄂豫两省边界的黄冈市红安县更被称为中国将军第一县，县城北七里坪是鄂豫皖苏区早期的政治、军事、经济、文化的中心，

---

① 《毛泽东选集》第四卷，人民出版社1991年版，第1244页。

这里是著名的黄麻起义的策源地，这里诞生了中国工农红军第 4 方面军、红 25 军和红 28 军三支红军主力部队。革命时期，为了中华民族的独立和解放，红安 14 万英雄儿女献出了宝贵的生命，第二次国内革命战争时期，每 3 个红军战士中就有 1 个红安人，每 4 个牺牲的红军战士中就有 1 个红安籍英烈。

河南新县是鄂豫皖边区党领导的最早的武装起义——黄麻起义的发祥地，是鄂豫皖苏区首府所在地，这里创建的鄂豫皖边区第一块革命根据地，是大别山脉工农武装割据的最早区域，是中国工农红军的重要诞生地；1931 年 2 月，新县作为鄂豫皖苏区首府所在地，成为大别山地区政治、经济、军事、文化的中心；1932 年 10 月，红 4 方面军主力西征川陕后，新县人吴焕先、高敬亭、刘名榜等先后重建和领导了红 25 军、红 28 军和大别山红色游击队，继续坚持大别山地区的革命斗争，新县成为坚持大别山红旗不倒的中心区域；解放战争时期，新县是刘邓大军的立足地和后方基地。新县培育出许世友、李德生、郑维山等 43 位将军和 50 余位省部级以上领导干部，留下了董必武、刘伯承、邓小平、徐向前、李先念、刘华清等老一辈无产阶级革命家的战斗足迹。革命年代，新县人口不足 10 万人，牺牲 5.5 万人，可谓家家有红军，户户有烈士。

安徽金寨县是鄂豫皖革命根据地的核心区、红 4 方面军的主要发源地，境内先后爆发了著名的立夏节起义、六霍起义，相继诞生了 11 支成建制的主力红军队伍，走出了 59 位开国将军，是全国第二大将军县、中国工农红军第一县，被誉为"红军摇篮、将军故乡"。抗日战争时期，金寨县是安徽省乃至大别山区抗日救亡运动的领导中心；解放战争时期，金寨是刘邓大军千里挺进大别山的"前指"所在地和人民解放军夺取全国胜利的前进基地。

新民主主义革命时期，党领导大别山人民前仆后继、无畏牺牲，大别山地区革命斗争始终坚持不断，贯穿了整个新民主主义革命时期，谱写了一幅波澜壮阔、英勇抗争的革命史诗，创造出大别山"二十八年红旗不倒"的历史奇迹。大别山人民长期苦难辉煌的革命斗争实践为中国革命事业建立了彪炳史册的功勋。在长期艰苦卓绝的革命斗争中，大别山军民始终坚持革命，创造光辉的革命业绩，体现了极强的革命精神，大别山共产党人、人民军队和革命群众用自己的革命实践，在大别山这块土地上，锻造孕育出了光辉灿烂而独具特色的大别山红色文化。

第四章

大别山红色文化的精神内涵

红色文化是中国共产党领导中国人民在革命斗争中孕育生成的一种特殊的先进文化形态,红色文化是形式和内容的辩证统一体,在形式上表现为特定的载体形式,在内容上具有丰富的精神内涵,红色文化的精神实质蕴含和体现着中国共产党人的理想信念、价值宗旨、道德追求、实践品格和政治特色。大别山红色文化的精神内涵丰富,意蕴深远,包含着坚定执着的理想信念、矢志不渝的坚贞忠诚、始终如一的践行宗旨、英勇无私的牺牲奉献和革命到底的坚定意志等文化实质和精神内涵。

第一节 坚定执着的理想信念

法国哲学家萨特说过,"世界上有两种东西是亘古不变的,一是高悬在我们头顶上的日月星辰,一是深藏在每个人心底的高贵信仰"。对马克思主义的科学信仰,对共产主义远大理想和中国特色社会主义共同理想的坚定信念是中国共产党人的政治灵魂和精神命脉。中国共产党自创立之日起就举起反帝反封建的革命旗帜，将为中国人民谋幸福，为中华民族谋复兴确立为自己的初心使命，立志挽救民族危亡，振兴中华，把马克思主义鲜明地写在自己的旗帜上，以建立美好的理想社会作为最高政治追求，把实现共产主义确立为最高理想。党的一大明确规定，党的直接目标是"消除内乱，打倒军阀，建设国内和平""推翻国际帝国主义的压迫，达到中华民族完全独立"等，其远期的奋斗目标是"铲除私有财产制度，渐次达到一个共产主义的社会"。

习近平总书记曾指出："在我们党九十多年的历史中，一代又一代共产党人为了追求民族独立和人民解放，不惜流血牺牲，靠的就是一种信仰，为的就是一个理想。"[1] 100 多年来，中国共产党在领导革命、建设和改革的伟大社会实践中，始终高擎马克思主义伟大旗帜，坚定马克思主义科学信仰。中国共产党成立以来走过的百年历程，就是为信仰而坚守奋斗，为信仰而流血牺牲的历程。在革命年代里，中国共产党不管面临的政治局势如何险恶复杂，敌人的白色恐怖统治如何残酷暴力，也不管自身如何弱小，领导的革命力量如何微弱，个人的处境如何艰险困难，一代又一代的中国共产党人始终胸怀着对党和人民事业的忠诚，牢记初心使命，坚信革命必定胜利的光明前途以及中华民族复兴伟业必定能够实现，坚定理想信念，发扬革命精神，以不屈不挠，前仆后继的革命实际行动践行了为共产主义奋斗终生的铿锵誓言。正如邓小平指出的那样："为什么我们过去能在非常困难的情况下奋斗出来，战胜千难万险使革命胜利呢？就是因为我们有理想，有马克思主义信念，有共产主义信念。"[2] 对马克思主义科学真理的信仰、对共产主义远大目标的追求，已经深深融入中国共产党人的血液，成为中国共产党人的精神密码和政治基因。

坚定理想信念，坚守共产党员精神追求，始终是共产党人安身立命的

① 《习近平关于全面从严治党论述摘编》，中央文献出版社 2016 年版，第 58 页。
② 《邓小平文选》第三卷，人民出版社 1993 年版，第 110 页。

根本。对马克思主义的信仰，对社会主义和共产主义的信念，是共产党人的政治灵魂，是共产党经受住任何考验的精神支柱。为有牺牲多壮志，敢教日月换新天！正是始终保持对这种理想信念和奋斗目标的执着追求，大别山革命斗争中，大别山广大党员干部、革命军队和人民群众才能够始终保持一股革命热情，一股干劲，一种拼命精神，做到不骄不躁，不消沉动摇，坚定不移、矢志不渝地为着革命理想而奋斗。

毛泽东说过，"人总要有点精神的"，精神信仰的力量是无穷的。革命战争年代，坚定的理想信念是支撑无数共产党人不怕牺牲、披荆斩棘、勇于革命、坚持斗争的强大动力，这点在大别山革命先辈身上表现得十分突出。大别山革命者的领路人、大别山革命的播种者董必武在《九十初度》中描绘了个人的一生，"遵从马列无不胜，深信前途会伐柯"生动展现了一位无产阶级老革命家对科学真理的坚定信仰和对革命必胜的笃定信念。大别山革命先辈坚定的理想信念、对党的无比忠诚体现在大别山革命的各个历史时期，他们不管是在革命运动波澜不惊的开始时期，还是在革命运动风起云涌的高潮阶段；不管是革命斗争高歌猛进，还是革命斗争遭受重大挫折的危急关头，始终能够保持马克思主义坚定信仰，对社会主义和共产主义事业充满必胜的信心，矢志不渝、百折不挠，即使处于生死存亡的艰难环境下，仍不改初心，坚持革命，永远跟党走。

中国共产党领导下的大别山革命斗争，因坚定的信仰、执着的信念而特色鲜明。革命年代，大别山地区的共产党人和革命群众坚守革命信仰之坚定，世所罕见。为了理想信念，无数大别山的革命者宁可牺牲宝贵的生命，也决不动摇革命理想，放弃革命信仰。崇高的理想追求和坚定的信仰信念为大别山的革命斗争提供了源源不断的强大精神力量，是大别山革命中党、人民和革命军队创造二十八年红旗不倒辉煌革命奇迹的思想保证。正是为了心中的信仰，为了民族的未来，在大别山腥风血雨的革命年代里，在极为险恶的白色恐怖和极其困难的斗争环境下，一代又一代中国共产党人与革命群众，坚持革命理想高于天，前赴后继，坚持革命，不懈斗争，他们不惜抛头颅、洒热血，或笑对屠刀、从容就义，或浴血奋战、捐躯沙场，或身经酷刑、意志弥坚！

"砍头不要紧，只要主义真。"在大别山的长期革命岁月里，为了共产主义革命理想，抱着"为主义而牺牲"的坚定信念，大别山的许多人为革命奉献出一切甚至宝贵的生命，大别山革命史中有许多惊天动地的英雄壮举。河南省新县人吴焕先是鄂豫皖根据地和红 4 方面军的主要创始人，他出身富裕优渥家庭，早年在湖北麻城蚕业学校求学期间，受先进革命思想影响，开始树立起马克思主义信仰。1924 年冬，吴焕先放假回家，到家后，吴焕先不是先向父亲呈交期末成绩单，而是怀着敬仰的心情，腾出敬祖的位置，把马克思的画像恭敬地贴在正屋香案上边的墙壁上。他向父亲解释说，求学要拜好先生，学救国济世真本事，而马克思虽然是个长着长胡子的外国人，但他是导师，照他的办法，就能够创造出一个美好新社会。信仰马克思主义科学真理的吴焕先坚信，马克思主义一定能够拯救中国，一定能够救处于苦难之中的中国人民。1926 年，随着北伐军攻占武汉，大革命推进到大别山地区，农民运动风起云涌地开展起来。吴焕先踊跃领导开展农民运动，为了发动广大贫苦农民积极参加运动，他带头革自己家的命，把佃户债户找到家里，对他们说："从今以后，你们谁租我家的田地就归谁所有，实行耕者有其田，按共产党的主张办事；你们谁借我家的租子、债款，再也不用交还，连本带利统统勾销！"① 说着，他把家里保存的佃户债户的契约借据一把火烧了个干净。吴焕先散尽家产，以实际行动展现了一个共产党人为了党的革命事业，为了建立一个理想的美好社会，不惜舍小家、为大家的崇高革命理想和革命情怀。

安徽金寨人、大别山革命先烈詹谷堂是金寨地区党的组织和红军队伍的创始人之一。1929 年 5 月，党领导发动的立夏节起义成功后，国民党反动军阀立即对起义的中心地区联合开展了"鄂豫会剿"，企图绞杀革命武

---

① 陈杰：《大别山精神的四个特质》，《河南日报》2020 年 9 月 15 日。

装，扑灭革命烈火。为了破除敌人会剿，詹谷堂等人奉命率领部队留在当地进行战斗。但由于敌我力量太过悬殊，加之革命队伍中出现叛徒告密，詹谷堂不幸受伤被捕。被捕后，詹谷堂始终严守党的秘密，大义凛然，坚贞不屈。在监狱里面，国民党反动当局为了从詹谷堂口中得到党组织和红军的作战情况，对他施以各种严刑酷罚。在敌人惨绝人寰的折磨和刑罚之下，詹谷堂威武不屈，誓死不泄露党和红军的一点秘密，始终没有向敌人透露一个字。他在敌人对他严刑加身、重罚逼供得死去活来时，依然高呼口号"中国共产党万岁！"。为了鼓励被捕的狱友坚定斗争意志，他发出铮铮誓言："我们是共产党员，革命战士，要有坚强的意志，能忍受最大的痛苦。我们的队伍是会回来的。"面对穷凶极恶的敌人，詹谷堂铁骨铮铮，他将审讯室变成了宣传革命的讲台，痛诉敌人的残暴罪行，揭露敌人的丑恶面目。詹谷堂使敌人心惊胆战，使难友们受到莫大鼓舞，纷纷感动落泪。敌人无可奈何，决定杀害詹谷堂。在最后一次审讯结束后，即将迈向刑场的、被折磨得奄奄一息的詹谷堂，挣扎着用最后一点力气用自己的鲜血在牢房的墙壁上写下"共产党万岁"五个大字，随后壮烈牺牲。詹谷堂用生命展现出一名真正的共产党员忠于党、忠于人民，忠于崇高理想，忠于革命事业的高尚品质。

在大别山革命历史中，这种坚持革命理想高于天，为了革命理想和党的事业不惜抛头颅、洒热血的革命烈士比比皆是。中共安庆中心县委书记、霍山县桃源河人刘淠西，1930年因叛徒出卖不幸被捕，在狱中经受了严刑拷打、威逼利诱。1932年2月，在生命的最后时刻，他还写下了《告狱中难友书》《告群众书》，鼓励大家："坚强起来，革命者流血不流泪！"最后在走向刑场的时候还高呼"中国共产党万岁"，兑现了"死不下跪"的誓言，时年28岁。独山暴动总指挥朱雅清面对反动民团的迫害，大义凛然地宣告："老家六安城，四个同根生，杀了我一个，还有三个拼。"安徽六安革命先烈周狷之出身于地主家庭，投身革命后，他毅然与封建地主家庭决裂。为了革命，周狷之烧毁地契债条，变卖祖田房产，筹集革命经费，组织革命武装。后因叛徒出卖，周狷之不幸被捕入狱，在狱中，他与敌人进行了不屈不挠的坚决斗争，敌人无奈决定杀害他。周狷之就义之前，口吟抒怀，留下"头颅抛千斛，风雨撼孤舟。宁为革命死，不做阶下囚"的诗句，成为革命理想高于天的千古绝唱。

革命形势越是严峻，理想信念的作用就越彰显。1934 年秋，在红 25 军长征后，高敬亭领导红 28 军，在与党中央失去联系的近 3 年中，以不足 2000 人的兵力与国民党 17 万正规军和 10 余个地方保安团进行周旋，转战鄂豫皖三省 45 个县，与敌发生大小战斗 243 次，粉碎了敌人反复大规模的"清剿"，有力地支持了主力红军的长征，在战斗中锻炼成了一支打不散拖不垮的红军部队，不能不说是个奇迹！正如毛泽东所赞扬的那样：红 28 军很不容易，很有成绩，很了不起。

还有创造"金刚台红旗不倒"奇迹的金刚台妇女排。1934 年秋，红 25 军长征后，留下的皖西北游击队坚持在大别山开展游击战争。为了加强党的集中统一领导，经红 28 军政委高敬亭批准，1935 年 6 月成立的中共商南县委决定：以金刚台为依托，广泛发动群众，继续坚持斗争，保存和发展革命力量，打击与牵制敌人，为主力红军保障给养并配合战斗。为了实现这一目标，中共商南县委立即组建革命武装。中共商南县委在组建商南游击大队的同时，为了便于行动，将地方党政干部中的女同志、原红军医院的部分护士和红军家属 30 多人编成妇女排，坚守在金刚台，牵制敌人，打击敌人。

金刚台妇女排斗争环境极端艰苦，几乎没有粮食和食盐，随着敌人封锁越来越严，只能靠野菜、野果充饥，冬天只能吃草根、树皮、野菜度日。她们穿的只有一身破衣服，常年露宿山林，牵制敌人，对付敌人的不断搜山"围剿"。在如此险恶艰苦的环境下，金刚台妇女排想尽一切办法坚持斗争，医治伤员。彭玉兰等医务人员克服无医、无药、无医疗技术等困难，把山茶、草药煮沸代替消毒药水，用盐水清洗伤口，用经处理后的南瓜瓢子代替消炎解毒敷料，千方百计地救治护理伤员。便衣队的陆化宏，到敌占区搞粮食，途中同敌人遭遇头部负重伤，因为无医无药，伤口严重腐烂，送到妇女排养护，经妇女排用草药贴敷，精心护理，终于伤愈归队。妇女排的老肖负伤时，她们就用针、兽骨片代替手术刀，取出子弹，用草药治愈了伤口。1936年夏，苏仙石便衣队中了敌人埋伏，战士小邢在激战中腿负重伤掉队失踪。史玉清带领妇女排部分人员翻山越岭，10多天后，终于找到了小邢，把他抬回来。由于是夏天，小邢伤口里生了蛆虫，经过几个月的护理，伤愈归队。妇女排就这样陆续护理了几十名负重伤的革命战士，使他们重返前线。

敌人为了扑灭金刚台上的革命火种，除大规模搜山外，1937年春，在金刚台主峰修建碉堡，驻剿、搜剿同时进行。妇女排为了牵制敌人，日夜不停地转移，攀援在金刚台的深山密林和野兽出没的地方。在敌人的一次搜剿中，妇女排被冲散了。史玉清、陈宜清等4人在寻找妇女排的途中被敌人包围。她们4人便从几丈高的岩石上溜下深涧，史玉清攀着树枝落到一个乱石林中，陈宜清等3人为了掩护史玉清，暴露了自己，被敌人抓走。妇女排里唯一的一位男同志老李，60多岁了，儿子当红军长征走了，老伴死了。妇女排冲散后，他和袁翠明排长前去寻找史玉清、陈宜清等人，途中被敌人发现，老李为了掩护袁翠明被捕，敌人严刑拷问妇女排下落，他至死不说，最后被敌人割了头颅，壮烈牺牲。"山沟石洞是我房，树枝稻草盖身上，山菜野果能当粮，三天不吃打胜仗。"在3年游击战争的艰苦岁月里，妇女排在金刚台上吃野菜，嚼草根，穿密林，卧冰雪，机智勇敢地同敌人周旋，她们克服了难以想象的困难，牵制了大批敌人，有力地配合了根据地游击斗争，直到革命取得最后胜利。妇女排的史玉清、袁翠明、范明、彭玉兰、方立明、胡开彩、陈发新、吴继春被人们誉为"金刚台英雄八姐妹"。金刚台满山的足迹和弹迹，记载着她们的英雄业绩。

理想因其远大而为理想，信念因其执着而为信念。艰难方显本色，曲折愈显忠贞。在生与死的严峻考验下，面对敌人的屠刀和枪炮，大别山的中国共产党人依然大义凛然、视死如归、初心不改，就是因为植根在他们内心深处的坚定的信念和信仰。大别山军民对党忠诚，信仰共产主义，坚信革命必胜的英雄事迹比比皆是，村村都有。大别山革命实践表明，大别山革命之所以能创造"二十八年红旗不倒"的辉煌奇迹，根本原因就在于广大共产党员有远大的理想和坚定的信念作动力，作保证。在大别山艰苦卓绝的斗争中，在极端困难的生存条件下，如果没有坚定的共产主义理想信念作精神支撑，就不会有广大的大别山军民始终保持高昂的革命斗志，就不会有大别山军民舍生忘死、前赴后继，知难而进、视死如归，艰苦奋斗、牺牲奉献的革命实践，就不会孕育出博大精深的大别山红色文化和大别山革命精神，大别山人民群众就不会铁了心跟着共产党走，就不会有大别山"二十八年红旗不倒"的革命奇迹，就不会有中国革命的胜利。

习近平总书记强调指出，"共产党员特别是党员领导干部要做共产主义远大理想和中国特色社会主义共同理想的坚定信仰者和忠实践行者"[1]。大别山红色文化承载和诠释了大别山"二十八年红旗不倒"的革命历史和奋斗历程，它是无数共产党人、人民群众和人民军队用生命和鲜血铸就的，它生动地诠释着理想信仰信念，践行着理想信仰信念，检验着理想信仰信念，弘扬着理想信仰信念。大别山的革命先辈、先烈们，对理想的坚守，对信仰的忠贞，对信念的执着，创造孕育出大别山红色文化，这是中华民族最为宝贵的精神财富，是中国共产党人凝聚力、战斗力的源泉，激励着一代又一代中国共产党人奋勇前行！

第二节 矢志不渝的坚贞忠诚

中国共产党自诞生以来，涌现出了无数的革命先烈、英雄模范，他们

---

[1] 《习近平著作选读》第一卷，人民出版社 2023 年版，第 82 页。

自觉对党的理想追求高度认同、对党忠贞不渝、对党的要求坚决恪守，他们用实际行动激励着一代又一代共产党人前赴后继、舍生忘死、不断前进。

大别山革命年代，广大人民群众和革命军队在中国共产党的领导下，在艰苦卓绝的革命斗争中，坚定不移跟党走，对党和人民始终坚贞忠诚，不畏困难，不怕牺牲，愈挫愈勇，前赴后继，直至革命最终胜利。1927年11月，领导发动黄麻起义的潘忠汝发出"一定要在中国共产党的领导下坚决奋斗，打出我们的一条大路，直到打出我们的江山"的铮铮誓言和庄严号召。① 在这种豪迈誓言的激励下，大别山革命斗争中，不管党的路线是正确还是暂时错误、革命形势是高潮还是低潮，大别山无数共产党人和革命群众始终坚守党性原则，坚定不移听党的话，跟党走，相信群众，相信党，始终与党在一起，不离不弃，将个人荣辱与党的事业融为一体，对党的矢志不渝的高度忠诚和服从、对党领导的革命事业的高度认同和积极主动参与，使党在大别山上点燃的革命烈火始终能够熊熊燃烧，广大革命战士用鲜血染红的军旗始终高高飘扬在大别山头。正如大别山革命时期广为流传的一首《便衣队之歌》所唱的那样："共产党是我们亲爹娘，哪怕敌人再'围剿'，红军越打越坚强。哪朵葵花不向太阳，哪个穷人不向共产党？任凭敌人再猖狂，烧我的房屋抢我的粮，一颗红心拿不去，头断血流不投降。"② 这首革命歌曲生动地反映了大别山革命者对党坚贞、对革命事业忠诚的心声。正是因为共产党员对党忠诚，始终不渝地看齐追随，才使得党能领导大别山地区的人民群众和革命军队历经千难万险，坚持斗争，直到革命取得最后的胜利。

大别山地区广大党员干部和革命军队坚决贯彻落实党中央的决策部署，维护党的团结统一。大别山地区走出了两支参加长征的工农红军：红

---

① 夏慧、李栩靖：《大别山精神是支柱》，《中国社会科学报》2023年3月20日。

② 何云峰：《大别山革命根据地二十八年红旗不倒原因探析》，《河南大学学报（社会科学版）》2021年第6期。

4方面军和红25军。这两支红军队伍是在党的统一领导下，按照党的决定进行战略转移的。1931年11月，按照党中央指示，组建红4方面军，徐向前任总指挥，陈昌浩任政治委员。不久，按照党中央的决策部署，红4方面军南下作战，支援和配合了中央苏区反"围剿"斗争。1934年10月，长征中的红1方面军和红4方面军在懋功会师，会师后，红4方面军主要领导人张国焘野心膨胀，企图枪指挥党，他悍然另立中央，妄图分裂党，分裂红军。在红军面临分裂，党面临危难的危急关头，红4方面军主要将领徐向前、李先念等将士在大是大非问题上坚决服从党中央的决定，同张国焘的分裂主义错误路线开展了坚决斗争，保证了党对红军的绝对领导，维护了党的权威和团结统一。

一切工作都要从党的大局出发，个人和局部利益服从全党利益，是中国共产党的红色基因、优良传统和制胜法宝。被誉为"北上先锋"的红25军是参加长征的四支红军队伍中最先到达陕北，并成功创建鄂豫陕革命根据地的红军部队。1934年11月16日，重建于大别山地区红安县的红25军根据中共中央的指令从何家冲出发实施战略转移，开始长征。红25军长征辗转9000里，历时10个月，在多次粉碎国民党军队的围追堵截后，最终于1935年9月率先到达陕北，成为长征中最先到达陕北的一支工农红军队伍。在孤军长征中，红25军广大指战员和红军战士一心向着党中央，坚决贯彻党中央的命令要求。1935年冬，到达陕北的党中央和中央红军由于长期长途行军，经济困难，缺衣少粮，难以过冬。为此，毛泽东亲自写信给红25军副军长徐海东，打出借条，向红25军借2500块大洋，以解决党中央和中央红军的过冬衣食问题。徐海东看到来信借条，二话不说，从红25军全军仅剩的7000块大洋中拿出5000块大洋，送给党中央和中央红军，只给自己部队留下2000块大洋。为了党中央和中央红军能平安过冬，红25军坚决服从命令，他们节衣缩食，挨过了在陕北的第一个冬天。多年以后，毛泽东一直记得徐海东为中央雪中送炭的事情，他高度评价了红25军和徐海东，称他们"为中国革命立下了大功"。

大别山红色文化精神内涵中对党的坚贞忠诚还体现在不管任何情况下,大别山的党员干部、群众军队都铁了心听党话,永不回头跟党走。安徽六安人周东屏在红25军长征时是军部医院的一名医务护士。1934年11月,她和其他6名女护士一起随军长征。这些女孩子出身贫苦,对部队感情极深。红25军长征出发时,考虑到军情险恶,部队要求她们返回老家。她们大哭着坐在路边,坚决不肯离去。红25军副军长徐海东看到这一幕,深为感动,为她们说了情,她们最终留了下来。在长征途中,她们抢救和医护了无数红军伤病员,留下了红25军"七仙女"长征的佳话。这7名红军女战士,不仅是勇敢的革命战士,还是在枪弹横飞的战场上救护伤员的生命守护神;同时,她们还是革命的宣传员,长征途中每到一地,她们就用各种方式动员当地群众参加红军,筹集粮食药品。她们对革命事业的无比忠诚感染了很多红军战士,红军战士亲切地称她们为"七仙女"。

对党忠诚,还体现在作为党员从入党那一刻起,就把一切献给了党。长征时期,红4方面军兵站部部长吴先恩率部翻越党岭山,攀登到前卫营经过的山崖时,大家发现有不少冻僵了的战友的遗体,被横七竖八地埋在雪里。吴先恩看到露在雪外的一只胳膊,想走近用雪把这个战友的遗体再深埋一下,却发现这个牺牲战友的拳头里还紧握着东西。他走上去,小心翼翼地掰开这个战友的手一看,手里紧握的是一张党证和一块银元,党证上写着:中共正式党员刘志海,1933年3月入党。看到这一幕的红军战士,没有不落泪的……吴先恩取过刘志海的党证和银元,流着泪说道:"志海同志,你的党证和最后一次党费,我一定替你转交给党!"刘志海同志在生命的尽头依然想着交上自己的最后一笔党费,刘志海的党费里饱含共产党人的朴素情怀。这不仅是党费,更是对党的态度,是对党的信仰,是对党的忠诚,体现了一个真正共产党员的大公无私和对党的事业的坚贞忠诚。

在大别山地区,有一位被誉为大别山"江姐"的革命烈士——晏春山,是湖北人。1926年冬,北伐军占领武汉后,晏春山随丈夫潘家年回到家乡郭家河潘湾，开展革命工作。1927 年，晏春山加入中国共产党。1932年秋，红军主力撤离鄂豫皖，敌人疯狂反扑，晏春山此时任潘湾党支部书记。晏春山利用各种方式方法，积极为红军游击队搜集情报。1935 年 5 月17 日，晏春山不幸被捕。在狱中，敌人审讯时对她使用了各种酷刑。严刑逼供之下，晏春山依然坚贞不屈，敌人反捆她的双手，把她朝山上押去，让她寻找游击队下落。晏春山拖着遍体鳞伤的身体，把敌人领到隐藏共产党伤员相反方向的崖顶，走到大花台崖顶时，她高呼"中国共产党万岁"，随后纵身跳下了悬崖，壮烈牺牲，时年 42 岁。

革命战争年代从大别山走出的党员干部，始终能够恪守忠诚品格，头可断，血可流，不管受什么折磨都坚贞不屈，永不叛党叛国叛民。开国将军洪学智上将 1913 年出生于大别山地区的安徽金寨县一个贫苦的农民家庭，16 岁加入中国共产党。在近 80 年的革命生涯中，他当过红军、八路军、新四军、解放军和中国人民志愿军，他的战斗足迹遍布大别山、陕甘宁、海南岛、黑龙江、鸭绿江和"三八线"，他的工作领域遍及军事、政治、后勤、装备及国民经济。1955 年和 1988 年洪学智两次被授予上将军衔，被誉为"六星上将"。洪学智戎马一生，身经百战，历经磨难，屡建功勋！他始终忠诚于党、听党召唤，即使在晚年遭受误解、委屈时，仍然坚定地表示：我是忠于毛主席、忠于毛泽东思想、忠于党的"三忠于分子"。洪学智用传奇的革命的一生诠释了共产党人坚贞的品格、忠诚的党性以及磊落的人格！

革命时期，大别山人民能够在极为险恶的斗争环境里坚持斗争，根本原因就是有中国共产党这个主心骨，就像徐向前元帅在《历史的回顾》中所说的：当时内部杀了那么多的人，也没有把我们党搞垮，把红军搞垮。人心向着共产党，向着红军。不革命，人民没有出路。因为有坚定的革命信念，任凭关也好，杀也好，只要不死，还要革命。在长期革命斗争中，大别山军民在中国共产党的坚强领导下，坚定革命理想信念，听党话、跟党走，服从党的决策部署，精诚团结、浴血奋战，面对困难和危险，他们坚忍不拔、百折不挠，为中国革命的胜利和新中国的诞生建立了彪炳史册的功勋，体现了人民军队对党的无限忠诚的政治自觉、思想自觉和行动自觉。这种政治自觉、思想自觉和行动自觉深深印刻在了大别山革命儿女的骨髓里，点燃起大别山地区革命斗争热情，创造了"二十八年红旗不倒"的革命奇迹，使大别山红色文化和革命精神得以孕育、产生、发展、成熟。

习近平总书记指出："老区人民对党无限忠诚、无比热爱。"在大别山革命斗争中，广大党员干部、革命战士和人民群众，始终对党、对共产主义事业无限忠诚和信心坚定，以"不消灭敌人，不是英雄好汉"的战斗激情，英勇奋战，不胜不休，且实事求是，坚持真理，修正错误，自觉纠正革命探索中的问题，用鲜血和生命铸就了大别山革命辉煌，诠释了坚贞和忠诚的定义，彰显了理想和信仰的力量。

第三节　始终如一的践行宗旨

中国共产党在 100 多年奋斗历程中，能够从最初只有 50 多名党员的小党发展到今天拥有 9800 多万名党员的世界第一大党，战胜无数艰难险阻、风险挑战，夺取革命、建设、改革的胜利，并成功引领中国特色社会主义进入新时代，最根本原因在于，中国共产党始终得到了广大人民群众的拥护和支持。

马克思主义认为，历史活动是群众的活动，历史是人民群众创造的，人民群众是真正的英雄。"过去的一切运动都是少数人的或者为少数人谋利益的运动。无产阶级的运动是绝大多数人的、为绝大多数人谋利益的独立的运动。"① 人民群众是先进生产力和先进文化的创造主体，是中国共产党无往而不胜的真正的铜墙铁壁，人民群众对党的信赖、拥护和支持，是

---

① 《马克思恩格斯选集》第一卷，人民出版社 1995 年版，第 283 页。

中国共产党领导中国特色社会主义事业取得胜利的物质根源和精神力量，是中国共产党克服一切艰难险阻、从胜利走向胜利的根本保证，是国家和民族继往开来、兴旺发达的坚实保障。

人民立场是马克思主义政党区别于其他政党的显著标志，是中国共产党始终秉持的根本政治立场。正如毛泽东同志在延安文艺座谈会上指出的："为什么人的问题，是一个根本的问题，原则的问题。"中国共产党自诞生之日起就明确自己是为人民而立、因人民而生。确立人民立场是中国共产党的根本立场。党的一切奋斗和工作都是为了造福人民。同时，坚信并践行人民群众是党的力量源泉，党的根基在人民、血脉在人民、力量在人民。自诞生之日起，中国共产党就把维护和实现中国人民的根本利益作为奋斗的价值追求，将全心全意为人民服务确立为党的根本宗旨。毛泽东指出："我们共产党人区别于其他任何政党的又一个显著的标志，就是和最广大的人民群众取得最密切的联系。全心全意地为人民服务，一刻也不脱离群众；一切从人民的利益出发，而不是从个人或小集团的利益出发；向人民负责和向党的领导机关负责的一致性；这些就是我们的出发点。"①正因为如此，无数共产党人才有挽救人民于水深火热之中的强烈愿望，才能勇于担当、甘于牺牲、无私奉献，最终领导人民取得新民主主义革命的辉煌成就和伟大胜利。紧紧依靠人民，始终保持党同人民群众的血肉联系，是我们党无往而不胜的制胜法宝和永远立于不败之地的根本保证。

红色文化是中国共产党领导创造的文化形态，人民群众是红色文化的创造主体，红色文化的孕育形成既依赖于人民群众，又以为人民群众谋幸福为根本出发点和落脚点。红色文化是面向人民群众的文化，体现着中国共产党全心全意为人民服务的根本宗旨。坚持以为人民谋幸福为出发点和落脚点，始终践行全心全意为人民服务的宗旨意识和奋斗价值也是大别山红色文化的核心要义之一。

---

① 《毛泽东选集》第三卷，人民出版社1991年版，第1094—1095页。

毛泽东说："我们共产党人好比种子，人民好比土地。我们到了一个地方，就要同那里的人民结合起来，在人民中间生根、开花。"① 在大别山革命斗争中，大别山地区的党员干部始终坚持与人民同呼吸共命运的立场，不忘全心全意为人民服务的根本宗旨，不丢群众是真正英雄的历史唯物主义观点，牢记自己来自于人民、植根于人民、服务于人民，一切从人民群众根本利益出发。各级党组织更是坚持从严治党治军，严明纪律，牢记宗旨，服务人民，同人民同呼吸共命运、同甘苦共患难，在人民需要的时候挺身而出，从而真正赢得老百姓的拥戴和支持。

革命年代，大别山人民之所以打心眼儿里把共产党当救星、当亲人，选择中国共产党、坚定不移地跟中国共产党走，无怨无悔、倾其所有支持革命斗争，为党的事业牺牲奉献，就是因为他们认准了中国共产党是为人民谋福利的党，党领导下的军队是为老百姓打天下、让老百姓过好日子的军队。因而，在血雨腥风中，大别山人民群众无限信任党、衷心热爱党、真心拥护党，根据地政权和人民军队与党生死相依、患难与共。正如淮海战役支前民谣所唱的"最后一口粮，做的是军粮；最后一块布，做的是军装；最后一个儿子啊，送到了部队上"。党与大别山人民结下了鱼水深情，形成了水乳交融的党群军民关系。

在大别山革命斗争中，大别山上党的政策随着国内环境的变化不断进行调整，但为人民服务的宗旨始终如一。在大别山长期的革命实践中，大别山上的党把人民的利益摆在高于一切的位置，坚持群众路线，密切联系群众，一切为了群众，一切依靠群众，从群众中来，到群众中去，关心群众疾苦，倾听群众呼声，同广大人民群众始终保持最广泛、最密切的联系，坚持从群众中来，到群众中去，一切为着人民群众，事事依靠群众，时刻想着群众，处处关心群众，不断加强同人民群众的联系，巩固党与人民的团结。不管是开展土地革命，为农民争取利益，还是面对反革命势力

---

① 《毛泽东选集》第四卷，人民出版社 1991 年版，第 1162 页。

对农民运动的镇压，党始终与人民站在一起，严守政治纪律，帮助苏区根据地人民进行生产劳动，并以现金、粮食等各种优待措施支援军属。

回顾大别山的辉煌革命历程，大别山上的党和人民军队之所以能在极为艰难险恶的斗争环境下，战胜各种艰难困苦，坚持开展革命斗争，不断发展壮大革命力量，根本原因是广大党员干部和革命军队始终将人民放在最高位置，时刻牢记全心全意为人民服务的立党宗旨，自觉践行入党誓言，担负履行党员神圣职责，保持对革命事业高度负责的态度，勇于斗争，无私奉献，默默牺牲，从而赢得了大别山广大人民群众的信任、支持和拥护。党也在领导大别山的革命斗争中获得了战胜各种强大敌人，以及一切风险挑战和困难的源源不断的力量源泉。

第四节　英勇无私的牺牲奉献

牺牲奉献是中国共产党鲜明的政党品格。作为马克思主义武装起来的先进政党，中国共产党刚一诞生，就旗帜鲜明地宣布以实现共产主义作为奋斗目标和最高理想，明确自己无产阶级的先锋队的性质，将全心全意为人民服务确立为党的根本宗旨。党历次制定和修订的党章中，都明确规定共产党员必须为了党和人民的利益吃苦在前，享受在后，克己奉公，牺牲奉献。在入党誓词中更是明确要求每一名共产党员："为共产主义奋斗终身，随时准备为党和人民牺牲一切，永不叛党。"

一部中国共产党百年历史，既是党围绕中华民族伟大复兴砥砺奋进、夺取胜利的奋斗历史，也是一部共产党人为国为民牺牲奉献、无私付出的历史。中国共产党各个历史时期孕育生成的先进文化和锻造形成的伟大精神中，无不饱含着共产党人的默默付出和无私奉献。据民政部门和组织部门统计，截至1949年10月新中国成立，中国共产党共有约448万名党员，但从1921年7月党成立到1949年10月1日新中国建立之前，有名可查的革命烈士达 370 多万人。这就意味着在党领导的新民主主义革命这 28 年、1 万多个日子里，平均每天约有 370 名中国共产党员牺牲。为了革命胜利，毛泽东全家有 6 位亲人牺牲。全国共有 29 万多座无名烈士墓，安葬了 78 万多名无名烈士。[①] 五星红旗是革命先烈用鲜血染红的！这个说法毫不夸张。

大别山红色文化中同样蕴含着共产党人的牺牲奉献精神。在长期艰苦卓绝的革命战争中，大别山人民为中国革命无私地奉献，这种牺牲奉献在中国共产党领导的革命历史上是极为突出、极为罕见的。在长期白色恐怖环境下，面对敌人的血腥残暴，大别山人民秉持"三要三不要"（要革命、要忠诚、要担当，不要钱、不要命、不要家）的行动自觉、"三图三不图"（图奉献、图大局、图为民，不图名、不图利、不图位）的革命精神，坚贞不屈，前赴后继，英勇斗争，坚决将革命进行到底，直至夺取革命胜利。大别山辉煌的革命历史是大别山的革命先辈们用青春、汗水、鲜血和生命造就的。大别山无数共产党员、革命战士和人民群众英勇奋斗和无私奉献，创造了大别山辉煌的革命历史，铸就了大别山红色文化。

新民主主义革命时期，大别山革命斗争有多久，大别山人民的斗争就有多英勇，奉献牺牲就有多大。刘仁辅是皖西革命根据地早期杰出领导人之一，1875 年 9 月生于霍山县西镇（今金寨县燕子河镇）。1927 年，刘仁辅入党，历任中共燕子河支部书记、党总支书记、中共霍山县西镇区委书记、霍山六区苏维埃区委书记。1929 年，他参与领导了西镇暴动，后不幸被捕，在狱中受尽酷刑，但他坚贞不屈、痛斥敌人："我们共产党人不为名誉地位，不图升官发财，我们信仰的是共产主义，为的是天下穷苦人民得解放！我们可以舍得一切，甘愿献出一切！"无计可施的敌人最后凶残地用铁钉将他钉在六安城门上，刘仁辅成为"鄂豫皖根据地牺牲最惨烈的烈士"之一。刘仁辅牺牲后，敌人对他的亲属进行了残酷的迫害与追捕，

---

① 丁薛祥：《大力弘扬新时代共产党人的奉献精神——在中办机关"七一"党课上的报告》，《秘书工作》2018 年第 7 期。

逼着刘仁辅的二儿子刘锡锦及其妻子上吊，参加红军的大儿子刘锡谷、三儿子刘锡俊、四儿子刘锡杰惨遭杀害，刘仁辅一家父子两代六口为革命献身！刘仁辅一家在皖西革命根据地用鲜血谱写了一曲壮丽凯歌，可谓一门忠烈垂千古，六颗丹心献革命！

像刘仁辅这样全家族为了革命事业牺牲的人在大别山还有很多。被誉为红 25 军军魂的吴焕先，1907 年出生在河南省新县箭厂河乡一个颇为殷实的地主家庭。1927 年 11 月，吴焕先等人领导了著名的黄麻起义，建立起大别山地区第一个农民政权"黄安县农民政府"和大别山地区第一支革命队伍"工农革命军鄂东军"，并开辟了鄂豫边区根据地。1931 年 11 月，大别山红 4 方面军组建，吴焕先任第 25 军第 73 师政治委员，参加了鄂豫皖苏区历次反"围剿"。1932 年 10 月，红 4 方面军主力离开鄂豫皖苏区后，11 月吴焕先等人领导重建了红 25 军，继续坚持大别山地区革命斗争。1934 年 11 月，红 25 军根据中央指示开始长征。吴焕先参加革命后，他的父亲、兄嫂和弟弟等六位亲人被反动派残暴地杀害。1933 年第四次、第五次反"围剿"的艰难时期，吴焕先母亲和妻子以乞讨为生。当母亲听说正在攻打七里坪的部队已经断粮十几天，就让儿媳曹干先将二人乞讨积攒下来的一袋百家粮送到了作战阵地。曹干先本打算告诉丈夫自己已怀有四个月身孕，但因吴焕先正忙于指挥作战，夫妻俩竟没能见上一面。母亲和妻子沿门乞讨送来的粮食，吴焕先依旧分给了战士们。可他哪里知道忍着饥饿怀着身孕的妻子，在回去的路上耗尽最后一丝气力，晕倒在荒郊野地，结束了自己年轻的生命。几个月后为躲避敌人搜捕，吴焕先的母亲藏进自家的夹墙里，但终因长久不见天日，不得温饱，最后竟被困死在夹墙里。1935 年 8 月 21 日，红 25 军在甘肃泾川四坡村附近南渡汭河时，遭国民党军突然袭击，吴焕先在指挥部队抢占制高点的战斗中，不幸中弹，壮烈牺牲，年仅 28 岁。毛泽东高度评价了吴焕先的历史功绩和奉献精神，说："红 25 军远征为中国革命立了大功，吴焕先功不可没！"

大别山革命斗争的残酷性远超人们想象。2016 年 11 月 10 日解密的

1933 年 8 月 30 日蒋介石给"徐、刘总司令"电文称："潢川刘总司令、沙市徐总司令密匪化已深之区域，非准各部队官兵尽量之烧杀不能铲除匪根。即推'剿匪'之'剿'字，其意义亦必以刀入匪巢、杀戮尽净之意，否则不足尽剿匪之义、而乃养匪贻患而已。务令各部烧杀勿论为要。中正。"电报的接报人"潢川刘总司令、沙市徐总司令"即指刘峙、徐源泉。电报文字不多，但"杀戮尽净"的血腥之气溢于纸面。在土地革命战争时期，国民党军先后对鄂豫皖根据地进行了五次"围剿"，喊出"血洗大别山"的口号。

在河南省新县箭厂河乡有一块稻田，被称为"红田"。1927 年 12 月，黄安县城失守，黄麻起义部队转移后，反动地主清乡团疯狂镇压当地革命群众，敌人把这块不足 30 平方米的稻田当作刑场，在不到两个月的时间里，先后屠杀共产党员和革命群众 300 多人。在这些悲惨牺牲的人中，年纪最大的是 75 岁的普通百姓，最小的是 16 岁的赤卫队员，还有很多是来不及撤离的鄂东军的伤员。革命烈士程怀天被捕后，在数九寒冬被敌人剥光了衣服，施以酷刑，逼他交出共产党的组织和账款，程怀天英勇不屈、严词拒绝，只字未说党的秘密。在狱中，他慷慨写下了就义诗：投身革命两春秋，遗憾壮志尚未酬。烈士骨头钢铁硬，志在救国救神州。砍头只当风吹帽，甘洒热血绘锦绣。[①] 人们把这块被 300 多名烈士鲜血浸透的稻田称为"红田"。

安徽省霍山是鄂豫皖根据地的红色区域中心，革命地位显赫，国民党反动派对之恨之入骨，不惜以重兵镇压、疯狂反复绞杀霍山人民的革命运动。从 1930 年春到 1932 年 5 月，国民党就 7 次派旅以上部队重兵进剿霍山，提出了"宁可错杀一千，不能漏掉一个"的血腥口号。1930 年农历八月十四日，在反动势力"打扫干净过中秋节"的杀人口号下，尸骸累累，血雨腥风，全县遇难的干部、群众就有 14000 余人。霍山革命中心区域舒

---

① 杨士杰：《大别山精神永放光芒》，《信阳晚报》2019 年 9 月 17 日。

家庙等地成了无人区，白天不见人，晚上不见灯。霍山东北区几十里路杳无人烟，有500家被杀绝。许多家庭为革命英勇献身，喻氏六杰就是典型。喻氏六兄妹虽出生在霍山县一个工商业大家庭，但兄妹六人都参加革命并相继为国捐躯。老大本芳，1940年被活埋在霍山南岳山脚下的山冲，时年37岁。老二本立，曾任中共霍山县第二任县委书记，1932年牺牲，时年28岁。老三本芬，1931年牺牲，牺牲时仅26岁。老四本信、老五本固1930年同时牺牲，老四牺牲时才21岁，老五牺牲时年仅19岁。最小的老六本钧1947年牺牲，时年31岁。从1930到1947年这17年的时间，六人相继牺牲，他们中牺牲时年龄最小的才19岁，最大的也不过37岁，这是皖西霍山一个普通的革命家庭为革命作出的大无畏的奉献牺牲。

在四支参加长征的队伍中，红25军是长征队伍中最年轻的一支，战士平均年龄只有十六七岁。红25军队伍出发较晚，却到达最早，被誉为"北上先锋"；这是唯一一支经过长征却增员数百人的部队，也是唯一一支在长征途中创建了根据地、发展了游击师的队伍。但红25军也是长征途中主要领导伤亡最大的一支红军队伍：年仅28岁的军政委吴焕先中弹牺牲；军长程子华、副军长徐海东受重伤；鄂豫皖省委书记徐宝珊积劳成疾，病逝在长征途中……

大别山红色文化的牺牲奉献精神还体现在大别山地区党员干部、革命武装和人民群众为了党和人民的革命事业和根本利益，在重大历史关头，始终能够顾全全局，服从大局，绝对服从党的决定，勇挑革命重担、自觉自愿牺牲小我。鄂豫皖革命根据地是在鄂豫边、豫东南、皖西三块根据地的基础上逐渐发展形成的。三块根据地的革命队伍和人民群众为了革命的整体利益，能够以革命大局为重，相互之间团结协作，提供支援。1929年5月，周维炯等人在成功领导发动立夏节起义（商城起义），创建起红32师后，为了策应支援六霍起义，他亲自率领部队先后五次赶赴皖西支援同志部队。这一事迹正如皖西的一首歌所唱的那样："河南老红军，来到我西镇。钢枪打前提（前阵），后跟赤卫军。先打闻家店，后打楼房湾，回头捎带打了三个保安团。打土豪，杀劣绅，反动团总消灭净。"

抗日战争胜利后，蒋介石撕毁"双十协定"，发动内战，中原解放区由于战略地位重要，成为蒋介石首先进攻的目标。1946年6月，蒋介石调集30万重兵，向中原解放区攻来，妄图全歼中原军区人民部队。危急之际，党中央命令中原部队"立即突围，愈快愈好"。中原大部队要突围成功，必须有部队配合执行任务，假扮主力迷惑敌人的掩护任务落在了中原军区第一纵队第一旅（简称"皮旅"）肩上。"皮旅"的任务是想尽一切办法拖住敌人，使其向东行动，掩护主力向西突围。在异常艰辛的环境下，1946年6月24日"皮旅"开始突围，他们冲破敌人的重重包围，穿过大别山向东经金寨、霍山，在霍山两战两捷（青枫岭战役和磨子潭战役），跳出国民党军队的合围圈。青枫岭战役是"皮旅"中原突围中的第二场恶战，在这场战斗中，"皮旅"以主攻和侧攻相结合，指战员攀上几丈高的峭壁，穿过没有道路的灌木丛林，用绑腿吊上悬岩，用柴刀、刺刀开出一条通道，登上高峰，冲上山顶与国民党军展开了白刃战。在攻取青枫岭之前，"皮旅"抵达霍山千笠寺，在这里安营扎寨，逗留了4个小时，皮定均欣然提笔在房东少年罗运成的古典小说《石头记》扉页上赋诗："男儿立志出乡关，业未成功誓不还，埋骨何须桑梓地，人生到处是青山。"题字："咬紧牙关吃苦，立定足跟做人。"这充分表达了一个革命者的豪情壮志、博大胸怀和义无反顾的牺牲精神。"皮旅"纵队在霍山两战两捷后经过24天的艰苦征战，行程近千公里，彻底粉碎了国民党军队的围追堵截，终于在7月下旬胜利抵达苏皖解放区。"皮旅"突围前5000余人，突围后仍有5000余人，这支准备全部牺牲以掩护主力突围的铁旅却成为中原突围各部队中损员最少的部队，创造了中原突围的奇迹。

为了革命事业的胜利，大别山军民无怨无悔顾全大局，主动担当，敢于牺牲、甘于奉献的事例比比皆是。解放战争中，1947年6月底，刘邓大军在极为艰苦的环境条件下，以"狭路相逢勇者胜"的英雄气概和牺牲自我的大无畏精神，克服重重艰难险阻，千里跃进大别山，实现了解放战争南线战场的伟大战略转折，揭开了人民解放军战略进攻的序幕。刘邓大军创建的大别山根据地在斗争中不断巩固下来，为即将到来的淮海战役和渡江战役提供了前进基地，也为渡江战役后人民解放军解放江南提供了巩固的后方，为全国解放打下了坚实基础。对于千里跃进大别山的伟大历史功绩，郭汝瑰赞叹不已，说："在军事史上，最辉煌的军事行动就是挺进中原（大别山）。"正如后来陈毅说的那样："如果没有中原部队的战略牵制，那就可能没有上党战役、邯郸战役和苏中七战七捷的胜利。"[1]

大别山红色文化的牺牲奉献精神还体现在大别山革命先烈的高风亮节上。安徽金寨籍老红军李开文，在1932年秋忍痛告别妻儿，跟随红25军撤离大别山开始长征。长征途中，李开文当过担架员、炊事员，工作虽然平凡，却成为同志们交口称赞的英雄模范。长征途中过草地时，他总是将湿漉漉的柴草塞进衣服里，用自己的体温焐干，以便到了宿营地能立刻生火给战士们做饭！到达延安以后，他被调任中央首长炊事班班长，为毛泽东、周恩来、任弼时、李富春等首长服务，在毛主席身边工作了11年，与领袖们结下了深厚的情义。1949年7月，李开文谢绝了组织上让他担任天津制糖厂厂长、金寨县副县长的安排，主动要求回到位于大别山腹地的老家，担任响山寺粮站站长。正如他告别毛主席时所说的那样："回到家乡后，找个自己能够干得了的，一定努力工作。"1956年，他被评为全国粮食系统劳动模范，受到毛主席的亲切接见。他一生从来不用自己的资历，为自己和家人谋求地位和利益。他为革命离家17年，孩子从幼年起就吃了很多苦、饱尝世间辛酸，当有人开导他趁着自己还有"能量"，赶快为一直务农的儿子找个工作时，他却笑着说："当农民有啥不好？没听广播里说，甘祖昌将军解甲还乡当了农民吗！"

为了中国革命的胜利，大别山地区人民付出了巨大的牺牲和代价。据统计，从1921年至1949年的28年里，大别山先后有200多万人投身革

---

① 田青刚：《论大别山革命优良传统与长征精神之关系》，《皖西学院学报》2016年第6期。

命，近100万人英勇捐躯，留下姓名的烈士只有130351人。在黄麻起义、立夏节起义（商南起义）、六霍起义的几个革命核心区域中，如红安、麻城、新县、六安等县留下姓名的烈士就在万名以上。据统计，其中湖北红安为中国革命的胜利就牺牲了14万优秀儿女，有名有姓的烈士22552人，为全国第二大烈士县。① 不足10万人口的河南新县在大别山历次革命战争中牺牲5.5万余人，家家户户有红军烈士。安徽六安市革命时期共有30多万人为国捐躯，其区域内所辖的金寨县建制时总人口仅有25万人，却有10万人为革命牺牲。解放后，查证有名有姓的烈士有1.1万人，占安徽全省烈士总数的1/5。大别山人民以英勇的斗争、无私的牺牲奉献换来了中国革命的胜利，勇于牺牲、甘于奉献是大别山红色文化的鲜明特征。

第五节　革命到底的坚定意志

坚定的革命意志、彻底的革命精神、顽强的战斗作风是中国共产党人的政治本色，是中国共产党夺取革命胜利的精神武器和制胜法宝。中国共产党是一个富有革命乐观主义精神的党。这种革命乐观主义，源自对科学理论的信仰，对实现革命理想的信念，对领导革命事业的中国共产党的忠诚。正是有了这种无畏的革命乐观主义，一代又一代共产党人为美好未来，在极端险恶的环境里，胸怀坚定的革命信念、事业必胜的坚强意志，不惜舍小我，为大我，勇于担当，甘于奉献，夺取了新民主主义革命的伟大胜利。

坚定的革命信念、不屈的斗争精神、革命到底的坚强意志也是大别山党和人民创造大别山辉煌历史的精神密码，是大别山红色文化的重要内容。在大别山革命斗争的年代里，身受"三座大山"沉重压迫和剥削的大

---

① 汪东应：《不同历史时期的大别山革命》，《学习月刊》2021年第1期。

别山人民相信共产党是为了让天下穷苦人翻身得解放而革命斗争的党，认定只有跟共产党走才有活路，才有出路，于是他们义无反顾地投身革命事业，一不怕苦，二不怕死，为了建立一个美好的理想社会，他们前赴后继，顽强斗争，不屈不挠，虽屡经革命曲折，却丝毫不气馁、不灰心、不懈怠，反而愈挫愈勇、一往无前，直至夺取最后的胜利。

大别山党领导人民群众和革命军队，坚信马克思列宁主义的真理，坚信中国共产党领导的正确性，坚信为之奋斗的革命事业的正义性，坚决斗争，革命到底，不胜不休。1929 年 12 月，在敌人的反扑下，黄麻起义的主力部队撤离了黄安城。箭厂河农民自卫队大队长、共产党员程儒香，在黄安城失守后不幸被捕。敌人为了获取情报，对他使用了种种酷刑，程儒香始终咬紧牙关，没有向敌人透露一点党组织和部队的情况。敌人无可奈何，在 1929 年的农历正月初一将程儒香杀死在冰天雪地里。正如大别山地区广为流传的一首歌谣所唱："红军都是英雄汉，白军再多干瞪眼；总有一日天要红，人民定要坐江山。"像程儒香这样，为了革命的事业，坚定革命意志，坚决武装斗争，不胜不休的革命事迹在大别山不胜枚举。1932 年，红 4 方面军西征川陕后，在鄂豫皖苏区中心区的鄂东北，郑位三、刘华清等人领导鄂东北道委和鄂东北游击队开展游击战争，度过了"一段异常艰苦的岁月"。刘华清后来回忆说："郑位三是名优秀的革命家，他经常给大家鼓舞斗志。他说：'大别山的革命烈火是扑不灭的，即使剩下几个人，我们还要继续战斗下去，坚持到最后胜利！'他要求我们都做乐天派，充满豪气地说，'打死了面朝天，打不死革命万万年'。"[①] 还有，刘名榜在极为凶险恶劣的斗争环境里，在长期与党失去联系的情况下，率部在大别山坚持游击斗争达 20 年之久，20 年里，坚持斗争艰苦卓绝的程度不可言述。1947 年 4 月，当在延安的毛泽东得知大别山还有刘名榜在坚持斗争时，他非常兴奋地说道："好！大别山还有刘名榜在坚持！好！"

---

① 张清改：《论"大别山红旗不倒"的历史原因分析》，《和田师范专科学校学报》2014 年第 6 期。

1934 年 11 月，红 25 军离开大别山北上长征。留守苏区的高敬亭领导的红
28 军和便衣队坚持在大别山对敌斗争。面对异常艰险的斗争环境，红 28
军和便衣队毫不气馁，坚持斗争，他们与大别山地区人民生死相依，患难
与共，坚决斗争。高敬亭对留在大别山的战士们说："我们一定坚持斗争，
保卫苏区，边区人民寄希望于我们！我们要患难与共，同舟共济，艰苦奋
斗，战斗到底！"正是这种战斗到底的革命意志，支撑红 28 军坚持游击斗
争 3 年多，直至抗日战争爆发。

大别山革命战士战斗到底的坚决革命意志贯穿大别山革命始终。1946
年 6 月，解放战争爆发后，李先念等率中原解放区部队实现中原突围后，
大别山地区再一次被国民党反动军队占领。随后，国民党反动军队对大别
山的革命群众进行了丧心病狂的报复，大别山进入黎明前最黑暗的时期，
但大别山的党组织和革命群众并没有被吓倒，他们毫不灰心，毫不恐惧，
以各种形式坚持对敌斗争，愈战愈勇，争取革命曙光的到来。面对大别山
党和人民这种英勇斗争、不屈不挠、革命到底的斗争精神，国民党报纸、
电台不得不哀叹："大别山共军势力不可低估！"

20 世纪 30 年代，美国记者埃德加·斯诺在延安第一次见到共产党人，
他在《红星照耀中国》（原名《西行漫记》）里写道："这些千千万万青年
人的经久不衰的热情，始终如一的希望，令人惊诧的革命乐观情绪，像一
把烈焰贯穿着这一切，他们不论在人力面前，或者在大自然面前，上帝面
前，死亡面前绝不承认失败。"革命乐观主义使大别山革命长期坚持下来，
正是大别山军民充满着不胜不休、革命到底的坚定革命意志和顽强斗争精
神为大别山长期坚持革命斗争奠定了基础，大别山革命才创造了"二十八
年红旗不倒"的英雄传奇，大别山红色文化在此过程中孕育生成。

大别山红色文化的功能、形态和作用价值

任何一种文化都有其孕育、产生、发展的演进过程，中国特色社会主义文化是中国共产党在百年奋斗历史中创造出来的，具有重要的功能和作用。同时，作为一种文化形态的红色文化，总是通过一定的载体和形态呈现出来，红色文化的表现形态主要包括有形的物质红色文化和无形的非物质红色文化两类，具体来说又分为物质、制度、心理三个层面的红色文化。大别山红色文化具有重要的功能价值和多种表现形态。

第一节　大别山红色文化的功能

"文化革命是在观念形态上反映政治革命和经济革命，并为它们服务的。"① 作为中国特色社会主义文化的重要组成部分，包括大别山红色文化

---

① 《毛泽东选集》第二卷，人民出版社 1991 年版，第 699 页。

在内的红色文化，具有重要而独特的历史、政治、文化和经济等功能。

一、记录和印证历史

"中国共产党人的初心和使命，就是为中国人民谋幸福，为中华民族谋复兴。这个初心和使命是激励中国共产党人不断前进的根本动力。"① 中国共产党诞生以来，始终不忘初心，牢记使命，团结领导中国人民开始了不懈奋斗，在百年的奋斗历史中，实现了中华民族从站起来、富起来到强起来的历史性飞跃。同时，在这个波澜壮阔的历史进程中，也培育出丰富的先进文化和革命精神。中国共产党百年奋斗实践是其创造的先进文化和革命精神产生和发展的历史土壤，两者相辅相成，辩证统一于中国共产党实现为中国人民谋幸福，为中华民族谋复兴的奋斗历史之中。

作为中国共产党领导创造的先进文化的重要内容，红色文化是党领导人民在新民主主义革命时期创造的一种特殊文化形态，其生成具有历史和逻辑的必然性，它是近代以来中国历史发展的客观产物。红色文化与中国共产党领导的新民主主义革命的历史相伴相随，是一种重要的历史资源，红色文化承载了中国共产党为了实现民族复兴、人民幸福的初心使命，在新民主主义革命时期领导中国人民推翻"三座大山"，夺取革命胜利，建立新中国的奋斗足迹，印证了中国共产党诞生、发展、壮大的成长历程，证明了近代以来中国历史的发展轨迹和演进规律，是中国共产党代表近代以来历史发展方向、时代潮流和中华民族根本利益的有力表达。

大别山红色文化蕴含于大别山革命历史之中，与大别山革命相伴相生。大别山地区是"中国革命的重要策源地、人民军队的重要发源地"。近代以来，为了争取民族独立和人民解放，党领导大别山地区人民群众和革命武装进行了不屈不挠的斗争。在中国共产党领导新民主主义革命时期，以大别山为中心建立的鄂豫皖边区革命根据地，历经大革命、土地革

---

① 《习近平著作选读》第二卷，人民出版社 2023 年版，第 1 页。

命、抗日战争和解放战争等各个阶段，坚持斗争，为中国革命的最后胜利作出了不可磨灭的卓越贡献。建党初期，鄂豫皖地区的武汉诞生了中国早期共产主义小组，作为武汉共产主义小组的代表，董必武和陈潭秋参加了党的一大，共同创立了中国共产党，见证了党的诞生。大革命时期，大别山地区党组织在领导工农运动中经受锻炼。土地革命时期，这里先后爆发黄麻起义、立夏节起义和六霍起义三大起义，诞生了中国工农红军第 31、32、33 师等革命武装，以此为基础，后来发展成为土地革命时期三大主力红军之一的红 4 方面军。以大别山脉为中心的鄂豫皖革命根据地是土地革命时期规模仅次于中央革命根据地的全国第二大根据地。2021 年 11 月，《中共中央关于党的百年奋斗重大成就和历史经验的决议》在总结概括新民主主义革命伟大胜利时明确指出："党创建了中央革命根据地和湘鄂西、海陆丰、鄂豫皖、琼崖、闽浙赣、湘鄂赣、湘赣、左右江、川陕、陕甘、湘鄂川黔等根据地。"参加长征的四支红军队伍中从大别山地区走出的就有两支，分别是红 4 方面军和红 25 军。红军长征后，留守大别山的红军，坚持艰苦卓绝的游击战争达 3 年之久，直至抗日战争爆发后被改编为新四军，投入抗日洪流。解放战争开始，中原突围在大别山地区展开，揭开了新旧中国命运大决战的序幕，1947 年 8 月刘邓大军千里挺进大别山，标志着人民军队战略进攻阶段的到来。"三大战役"后，大别山地区作为渡江战役的前线阵地和保障基地，见证了蒋家王朝的覆灭和中国革命的胜利。大别山与整个中国革命的历程和命运紧紧连在一起，见证和记载了党为了人民幸福、民族复兴的初心，勇担使命，不懈奋斗的光辉历程。在大别山辉煌革命历史中培养锻造出内涵丰富的大别山红色文化和革命精神，它们是大别山革命斗争的高度浓缩，记录了大别山地区党诞生、发展、壮大的历程，展现了大别山地区的革命斗争历史，也印证和昭示了"没有共产党就没有新中国"的历史规律和科学真谛。

历史是最好的教科书，中国革命史是最好的营养剂。波澜壮阔的大别山革命斗争历史培育出内涵丰富的大别山红色文化和大别山精神，承载了党为着初心担当使命不懈奋斗的光辉历史，体现了党的性质宗旨和政治本色，是党和国家的宝贵精神财富，是激励全党全国各族人民奋勇前进的强大精神力量。

二、传承政治基因

红色文化是中国共产党在半殖民地半封建社会的旧中国领导中国人民争取民族独立、人民解放的革命实践中产生的一种独特的文化样态，包含了丰富的精神内涵，体现和承载着中国共产党人的政治追求、政治价值和政治品格等鲜明的政治标识和精神坐标。这些标识已经深深熔铸于中国共产党的血脉之中，转化为中国共产党的政治基因。红色文化具有传承政治基因的功能和作用。

作为中国共产党领导中国人民在新民主主义革命中孕育生成的文化形态，大别山红色文化蕴含着远大的理想信念、高尚的价值指向、英勇的奉献精神、坚定的革命意志等中国共产党人的政治信息和基因谱系，体现了中国共产党作为马克思主义政党与生俱来的先进本质，承载了中国共产党人的红色政治基因。

新民主主义革命年代，大别山地区始终坚持党的领导，党的红旗28年始终高高飘扬在大别山，党的领导是根本保障，密切联系群众是基础，党与生俱来的红色基因是关键。大别山红色文化中蕴含的坚定马克思主义信仰与共产主义理想大于天的笃定信念，把国家、民族与人民根本利益放在首位的全局观念，密切联系群众，与广大人民共同奋斗、生死与共的革命情怀，生动地诠释了中国共产党的先进性和纯洁性等深入血脉的红色基因。

党的十八大以来，习近平总书记高度重视红色文化和革命精神的传承和弘扬，要求"把理想信念的火种、红色传统的基因一代代传下去"。他先后到延安、井冈山、西柏坡、大别山等地考察，强调"要把红色资源利用好、把红色传统发扬好、把红色基因传承好"。新时代全党面临完成第二个百年奋斗目标，实现中华民族伟大复兴中国梦的新的历史任务。新时代新使命，弘扬大别山红色文化和革命精神，就是要让广大党员干部始终牢记入党誓言，不忘立党初心，自觉传承政治基因，发扬红色传统，保持革命本色，赓续红色血脉，深刻了解中国共产党执政地位的来之不易、党的执政地位是历史的选择和人民的选择，始终保持和弘扬党的优良传统作风，在工作中自觉扛起责任与担当，在新的革命征程上永远听党话、跟党走，不断凝聚起广大党员干部和人民群众磅礴的智慧力量，不断巩固夯实党的执政地位，为夺取新的伟大胜利提供强大力量支撑和政治保证。

三、增强文化自信

红色文化是中国特色社会主义先进文化的重要源头之一，作为重要的精神文化资源，红色文化对于推进新时代中国特色社会主义先进文化建设，增强中国特色社会主义文化自信，建设文化强国具有十分重大的现实意义。习近平总书记指出，全党同志和全国各族人民必须坚持中国特色社会主义道路自信、理论自信、制度自信、文化自信，不断把中国特色社会主义伟大事业推向前进。[①] 中国共产党红色文化是中国共产党人培育创造的精神文化产物，不仅对印证历史、传承基因具有重要功能和作用，同时也蕴含着独特的文化功能。在党和人民伟大斗争中孕育的红色革命文化，蕴含着中国共产党的科学理论、理想信念、价值追求和实践品格，代表了中华民族先进文化的发展方向，是对中华优秀传统文化的创造性转化和创新性发展，是革命时期中国文化的最高成就，为新时代中国特色社会主义发展指引着前进方向、提供着精神动力，是增强中国特色社会主义文化自信的动力源泉。

大别山红色文化是革命时期中国共产党领导中国人民创造和积淀的先进文化，在中国共产党文化家园和精神谱系中，大别山红色文化承上启

---

① 《习近平谈治国理政》第二卷，外文出版社 2017 年版，第 36 页。

下，它同井冈山红色文化、长征红色文化、延安红色文化、西柏坡红色文化等一样，都是富有时代、地域、实践特色的红色革命文化，是不断增强文化自信的宝贵资源和优质载体，其先进性的文化本质以及蕴含其中的大别山红色革命的厚重历史，对于统一全国人民思想、凝聚广泛社会共识、整合各个阶层人民群众力量、夯实党的执政基础具有独特而重大的意义，可以为新时代中国特色社会主义先进文化建设提供丰富的文化资源和精神力量，是新时代推进中国特色社会主义先进文化建设的最好载体和源头活水。

红色文化具有鲜明的政治性，包括大别山红色文化在内的中国共产党红色文化在孕育生成中始终坚持以马克思主义为思想基础，在其意识形态立场上具有鲜明的政治性。弘扬大别山红色文化，对于反对和批驳历史虚无主义，坚定文化自信具有重要的价值意义。一段时期以来，社会上一股否定革命主题、污蔑党的领袖、丑化英雄先烈、歪曲革命历史等历史虚无主义等错误社会思潮、文化庸俗主义倾向甚嚣尘上。弘扬大别山红色文化，通过历史横向纵向的多维度比较分析，全方位真实呈现中国革命历史，深层次论证中国近代历史的客观规律，对于厘清认识误区，扫除历史迷雾，反对和批驳历史虚无主义等各种错误思潮的噪音、杂音，强化和巩固中国社会的主流价值观，化解意识形态领域的种种风险挑战，牢牢占据意识形态阵地，掌握党的意识形态领导权具有重大而深远的意义。

习近平总书记指出："文化兴国运兴，文化强民族强。没有高度的文化自信，没有文化的繁荣兴盛，就没有中华民族伟大复兴。"① 今天，我们踏上全面建设社会主义现代化国家，全面推进中华民族伟大复兴的新的征程，不断推进先进文化建设的新的长征路，传承红色基因、弘扬红色文化，赓续革命精神，实现红色文化资源的创造性转化和红色文化的创新性发展，充分发挥红色文化特殊的实践功能，有利于增强文化自信，为建设

---

① 《习近平著作选读》第二卷，人民出版社 2023 年版，第 33 页。

文化强国积蓄强大的精神力量。

四、推进经济发展

作为中国特色社会主义先进文化重要内容的红色文化既具有重要历史价值、政治价值、文化价值，同时也具有重大的经济价值。红色文化既是党和国家一笔宝贵的精神财富，也是推动革命老区经济社会发展，助力革命老区振兴的宝贵资源和重要优势。

文化产业是新时代推动经济社会高质量发展的重要增长点，红色文化是发展文化产业的重要资源和实施载体。大别山辉煌的革命历史使得大别山红色文化声名响盛，具有得天独厚的良好知名度和品牌效应。革命老区保留下来的遗址和可歌可泣的革命故事，既是党和国家宝贵的精神财富，也是新时代发展红色文化产业、推动经济社会高质量发展的不可多得的宝贵资源。

大别山革命老区红色文化资源极为丰富，依托和利用大别山地区丰富的红色文化资源，加强红色旅游基础设施建设，打造一批红色旅游景区，大力发展以红色旅游为主要内容的红色文化产业，发展"红色文化+"的红色旅游模式，将大别山红色资源转变为巨大的经济资源，以此带动乡村特色旅游、绿色生态旅游、红色研学旅游、特色文旅旅游等深度融合，促进革命老区人民增收致富，同时积极塑造大别山红色旅游品牌，带动革命老区的全域旅游发展，推进地方经济社会高质量发展。这些年，大别山革命老区各地充分利用大别山红色文化推动经济发展的功能作用，取得巨大成效。据统计，2018 年金寨全县红色旅游共接待游客 400.49 万人次，创综合收入 12.67 亿元，全县有近 20 万人直接或间接受益于红色旅游发展。① 红色旅游已成为推动大别山革命老区经济社会高质量发展的重要推动力量。

---

① 郧磊：《红军公田碑铭记土地革命历史》，《中国文化报》2019 年 7 月 17 日。

第二节　大别山红色文化的形态

作为一种文化形态的红色文化，按照文化构成的物质、制度、心理三个层面，可分为红色物质文化、红色制度文化、红色精神文化，可视为是物质文化、制度文化和精神文化的辩证统一。具体而言，物质层面的红色文化主要指中国共产党在新民主主义革命时期的不同历史阶段、不同区域建造或使用过的遗址遗迹、斗争工具、日常用品等实物存在；制度层面的红色文化是指新民主主义革命时期中国共产党制定和实施的革命理论、纲领、路线、方针、政策等文献制度存在；精神层面的红色文化是指中国共产党领导人民群众在革命过程中创造的革命精神、道德观念和风俗传统等社会存在。在其表现形式和呈现载体上，又可以将遗址遗迹实物形式存在的红色文化，以及制度文件和革命文献等实物形式存在的红色文化资源归类为物质红色文化资源，将以革命事迹、红色故事、革命歌曲戏剧、革命道德、革命精神等为主要内容的非实物形式存在划归非物质红色文化资源。

大别山的辉煌革命历史在大别山地区遗留下了极其丰富的红色文化资源。特别是土地革命时期在大别山地区建立的鄂豫皖革命根据地，革命形势高涨的时候，遍及大别山地区 30 多个县，4 万余平方千米，建立了 27 个县级政权，根据地在政治建设、经济建设、文化建设等方面均取得巨大成就。辉煌的革命历史在大别山地区也遗留下大量的革命遗迹、旧址、纪念建筑、革命文化以及其中所承载的革命精神，构成了一个完整的红色文化资源体系。大别山红色文化资源丰富，影响深远，整体上呈现出数量多、分布广、较分散的特点。在表现形态和呈现载体上，大别山红色文化既包括物质层面的红色文化，又包括非物质层面的红色文化资源。物质层面的大别山红色文化包括大别山革命遗址遗存、大别山革命文献资料等，非物质层面的大别山红色文化包括大别山革命事迹、红色故事、革命歌谣、革命舞蹈、革命戏剧等革命文艺作品以及以坚贞忠诚、一心为民、牺牲奉献、永跟党走为核心内容的大别山革命精神。

一、大别山物质红色文化资源

大别山地区革命历史时间长，发生的重大革命历史事件众多，厚重的革命历史在大别山地区遗留下大量的以革命遗迹旧址、纪念馆所、名人故居等为主体的革命实物遗址遗存和大量的革命文献文件类实物留存。它们共同构成了大别山物质红色文化资源。

（一）大别山革命遗址遗存

在革命实物遗址遗存方面，大别山被公认为是国内革命实物遗址遗存最多的地区，在这片红色土地上，至今被保留下来的红色文化实物遗址遗存有上千处之多。根据国家统计局、国家文物局、大别山革命老区各地方文物部门和规划部门网站及其他红色旅游网站，包含战场遗迹、旧址建筑、名人故居、墓碑及烈士陵园、纪念馆及展览馆在内的红色文化资源保护单位名录有 1499 处。通过河南省、湖北省、安徽省地理信息公共服务平台，各地级市城市总体规划、旅游发展规划、文物保护单位提供的详细地址，借助 Google Earth 软件对上述名录进行标注，获取经纬度信息，最终得到有效地理信息数据 980 处。按文物保护等级划分，国家级 95 处，省级 164 处，市级 65 处，县级 656 处；按文物保护单位所属历史时期划分，大革命时期（1919—1927 年）78 处，土地革命时期（1927—1937 年）614 处，抗日战争时期（1937—1945 年）133 处，解放战争时期（1945—1949 年）155 处；按文物保护单位类型划分，旧址建筑 678 处，战场遗迹 75 处，名人故居 67 处，墓碑 99 处，烈士陵园及墓葬群 61 处。[①]

大别山革命遗址遗存主要包括五种类型。第一，大别山革命历史博物

---

① 韩勇、贺萌琳、娄昕欣、朱伟：《大别山革命老区红色文化资源可达性研究》，《地理信息世界》2021 年第 4 期。

馆、重大历史事件纪念馆等，著名的有鄂豫皖革命纪念馆、鄂豫皖苏区首府革命博物馆、金寨县革命博物馆、黄麻起义和鄂豫皖苏区革命历史纪念馆等。第二，革命烈士陵园，例如金寨县革命烈士陵园、六安市皖西烈士陵园、新县鄂豫皖苏区首府烈士陵园、商城县革命烈士陵园、麻城市烈士陵园、红安县黄麻起义和鄂豫皖苏区革命烈士陵园、罗田县胜利烈士陵园、固始县黑湖烈士陵园等。第三，大别山革命历史名人旧居故居祖居，例如李先念故居、陈潭秋故居、邓颖超祖居、许世友故居、洪学智故居等。第四，大别山革命红色旧址遗址，较为著名的有黄安农民协会旧址、首府路和航空路革命旧址、中共麻城县委旧址、红 25 军军政机构旧址、岳西及金寨县红 28 军军部及重建旧址、中国工农红军第 1 军司令部旧址、独山革命旧址群等。第五，大别山革命斗争纪念地纪念碑，如罗山县铁铺乡红 25 军长征出发地、红 28 军白崖寨战斗纪念地、商城县金刚台红军洞群、中共豫东南五县特委纪念碑等。

大别山地区物质层面的红色文化，如遗址遗存，主要集中在土地革命时期鄂豫皖根据地大别山中心区域，比较重要和著名的主要有以下几个。

在湖北境内主要分布在黄冈市区域之内，相对集中于红安、麻城、大悟等县市，主要有红安县七里坪文昌阁、鄂豫皖特区苏维埃银行旧址、列宁市经济公社旧址、七里坪革命法庭旧址、鄂豫皖特区革命军事委员会旧址、中国工农红军第 4 方面军指挥部、工农民主政府旧址、红 25 军军部旧址、黄才畈会议旧址，英山县红 28 军根据地，大悟县新四军第五师司令部旧址、宜化店中原军区旧址等。

在河南境内主要集中在信阳市区域内，主要包括信阳市鄂豫皖革命纪念馆、浉河区四望山新四军第五师师部旧址、新县鄂豫皖苏区首府革命博物馆、鄂豫皖苏区革命烈士陵园、首府路和航空路革命旧址、箭厂河革命旧址、许世友将军故里，商城县金刚台红军洞群，光山县花山寨长征文化园、王大湾会议旧址，罗山县何家冲红 25 军长征出发地，固始县苏维埃政府遗址、大荒坡烈士陵园，息县刘邓大军渡淮纪念馆、周荒坡暴动纪念地。

在安徽境内主要集中在六安市区域，包括金寨县境内的金寨红军广场、金寨县革命博物馆、汤家汇红色遗址群（包括豫东南道委、道区苏维埃政府旧址、赤城县苏维埃政治保卫分局旧址、赤城县赤色邮政局旧址、少共豫东南道委、少共赤南县委遗址等），岳西县境内的大别山烈士陵园（包括大别山烈士纪念馆、烈士纪念碑、红军亭、英雄群雕、百步台阶、烈士墓群等纪念设施和建筑物）、王步文故居、红军中央独立第二师司令部旧址、红28军军政旧址，霍山县境内的霍山县烈士陵园、南岳山保卫战旧址等。

（二）大别山革命文献资料

为了领导革命斗争，坚持和加强党的领导，推进党的建设，开展革命根据地建设，大别山党的各级组织制定制度规定，发布文件资料，各级组织或历史人物来往书信通信，以及为了宣传组织群众，印制革命宣传资料、传单、标语、报告、通知，会议记录、手稿、书信、印章、钱币、收据、土地证等。这些以文献实物为主要形式的革命文献资料等构成了大别山文献类红色文化资源。

在长期的革命斗争中虽然很多革命文献资料遗失损毁，但依然保存下相当数量的资料档案。新中国成立后，特别是改革开放以来，鄂豫皖地区的党和政府重视鄂豫皖苏区的史料收集和整理，经过各级党委、政府的努力，许多文献资料特别是大量鄂豫皖苏区革命历史档案文献资料被重新收集编撰出版，成为研究大别山革命历史的重要资料。这些革命文献是记录大别山革命斗争历史的证据，也是大别山物质红色文化资源的重要内容。

鄂豫皖根据地的文献资料最为丰富，主要有《鄂豫皖苏区革命史资料选编》《鄂豫皖苏区革命历史文件汇集》《鄂豫皖革命根据地》《鄂豫皖苏区革命历史文件汇集：中央分局文件》《鄂豫皖苏区革命历史文件汇集：鄂东北特委、豫东南特委文件》等。此外，鄂豫皖根据地时期，党在根据地开展了政权建设、社会建设等一系列的建设活动。记述苏区革命斗争历史的文献有《鄂豫皖苏区革命斗争史资料汇编》；记述根据地建设的资料文献有《鄂豫皖革命根据地财经史资料选编》《鄂豫皖革命根据地财政志》《鄂豫皖革命根据地工商税收史料选编（1927—1937）》《中国革命根据地工商税收史长编：鄂豫皖革命根据地部分、湘鄂西革命根据地部分、川陕革命根据地部分》《鄂豫皖红军歌曲选》等；记述红 4 方面军的史料文献主要有《中国工农红军第四方面军战史资料选编：鄂豫皖时期》。

处于大别山地区的鄂豫皖三省的地方党史机构通过收集整理原始史料、对革命人物进行访谈实录等多种方式，编撰出版了一批成套的革命历史资料，主要有《湖北革命历史文件汇集》共 12 册，分别为《湖北革命历史文件汇集》（省委文件 1928）、《湖北革命历史文件汇集》（湖北暴动问题 1927—1928）、《湖北革命历史文件汇集》（群团、苏维埃文件 1927—1933）、《湖北革命历史文件汇集》（群团文件 1922—1924）、《湖北革命历史文件汇集》（群团文件 1925—1926）、《湖北革命历史文件汇集》（省委文件 1926—1927）、《湖北革命历史文件汇集》（省委文件 1929）、《湖北革命历史文件汇集》（省委文件 1930）、《湖北革命历史文件汇集》［特委文件（2）1927—1932］、《湖北革命历史文件汇集》［特委文件（1）1927—1934］、《湖北革命历史文件汇集》（县委文件 1927—1932）、《湖北革命历史文件汇集》（乙种本 1927—1932）；《河南革命历史文件汇集》共 11 册，分别是《河南革命历史文件汇集 1923—1926》《河南革命历史文件汇集 1925—1927》《河南革命历史文件汇集 1927—1934》《河南革命历史文件汇集群团文件 1927—1934》《河南革命历史文件汇集 1928》《河南革命历史文件汇集（上）1929—1930》《河南革命历史文件汇集（下）1929—1930》《河南革命历史文件汇集 1933》《河南革命历史文件汇集 1934》《河南革命历史文件汇集群团文件 1929—1934》《河南革命历史文件汇集省委文件 1931—1932 年》；《安徽革命历史文件汇集》5 辑 6 编，包括《安徽现代革命史资料长编》《安徽革命根据地财经史料选》《安徽革命根据地工商税收史料选》《安徽革命回忆录》《安徽革命历史文件汇集》等。

鄂豫皖三省地市党史研究部门相继编辑出版的革命文献史料有《麻城

革命史资料》《英山革命史资料（1—3）》《丰碑——中共信阳党史资料汇编（1—15）》《中共潢川党史资料（1—3）》《中共新县党史资料（1—3）》《寥城风云——固始党史资料（1—5）》《光山党史资料（1—5）》《商城革命史资料（1—6）》等。同时，一批鄂豫皖苏区时期幸存下来的领导干部和高级将领的回忆录、个人传记相继出版，主要有《大别山上红旗飘：回忆鄂豫皖三年游击战争》《回忆鄂豫皖边区的革命斗争》等。

大别山历史档案资料的收集编辑出版，记录和见证了大别山辉煌的革命历史，也构成了大别山红色文化的制度内容。大别山革命遗址旧址和大别山革命文献资料共同构成了大别山物质红色文化资源。

二、大别山非物质红色文化形态

大别山非物质红色文化资源丰富，主要包括以革命事迹、红色故事、革命歌谣、舞蹈、戏剧为主要形式的革命文艺作品，以及以"坚贞忠诚、牺牲奉献、一心为民、永跟党走"为核心内容的大别山革命精神。

大别山苦难辉煌的革命斗争，创造了"二十八年红旗不倒"的革命奇迹，谱写了一曲感天动地的革命赞歌，留下了一个个感人至深的红色故事。这些数量巨大、内容丰富、情节感人的关于大别山革命斗争的革命故事和英雄事迹构成了大别山红色文化的重要内容。

大别山山区盛行民歌。历史上，大别山人民群众在劳作的过程中创作了大量的山歌民谣，这些歌曲旋律优美，曲调动人，歌词简单直白，朗朗上口，广为传唱。新民主主义革命时期，大别山党组织在领导革命斗争中，巧妙利用大别山民歌民谣这一特点，组织领导当地民众将革命斗争与歌谣这一传统文化资源结合起来，利用大别山流传的民歌民谣曲调舞蹈戏剧，并根据革命斗争实践和地方实际，或重新填词，或重新编排，或改造加工，赋予其全新的革命内涵，创造出大量脍炙人口、闻名全国的红色歌曲、红色舞蹈、红色戏剧等红色革命文艺作品，形成了别具一格的大别山红歌文化，有力地宣传了革命思想、鼓舞了革命士气，推动了大别山革命斗争的深入开展。

大别山红色文艺作品丰富，如大别山红色革命歌曲，脍炙人口、广为传唱的有《八月桂花遍地开》《送郎当红军》《董必武回黄安》《暴动歌》《诉苦歌》《发动歌》《战士歌》《妇女歌》《苏区歌》等数百首，革命舞蹈有《天足舞》《大刀舞》等，红色曲艺作品有鼓书《王秀松大义灭亲》等，传统革命器乐有《我跟情郎带红花》《红军哥哥回来了》等，革命戏剧有《铜锣记》《英雄树》等。在这些作品中最为著名的是革命歌曲《八月桂花遍地开》，这是一首流传于大别山地区的具有浓郁的乡土气息的脍炙人口的红色革命歌曲。歌曲是在大别山歌谣《八段锦》基础上填词改编而成，之所以得名《八月桂花遍地开》，是因为歌词首句是"八月桂花遍地开"。这首歌曲的诞生和鄂豫皖苏区的革命斗争息息相关。党在鄂豫皖地区先后举行了黄麻起义、立夏节起义等武装起义，先后开辟了鄂豫边和豫东南两块革命根据地。1929 年的农历八月，正是丹桂飘香的金秋季节，鄂豫皖苏区建立的第一个县级苏维埃政权——光山县苏维埃政府在柴山堡大朱家（今新县陈店乡）宣告成立。会上，欢庆的人民群众首次唱响了由大别山民歌《八段锦》改编而来的《八月桂花遍地开》。当时这首歌的歌名还叫《庆祝成立工农民主政府》，歌曲曲调轻快而明朗，歌词欢快而豪迈，既是对大别山地区土地革命斗争史实的生动写照，又充分体现了人民群众对人民政权成立、翻身当主人发自内心的喜悦之情，生动形象地再现了当年红军带领劳苦大众成立苏维埃政权的喜庆场面，是对大别山地区这一特定时期革命斗争史实的真实记录和生动描写，是中国共产党领导的大别山人民革命历史的鲜活史料和历史见证。

《八月桂花遍地开》也随着革命的发展逐步传唱到包括中央苏区在内的各个革命根据地。1964 年 10 月，为庆祝中华人民共和国成立 15 周年，《八月桂花遍地开》走进国家级大剧院，在大型音乐舞蹈史诗《东方红》里改编为歌伴舞上演，从此红遍全国，最终成为红色经典歌曲，并被选入中小学音乐教材，使得这首红色歌曲家喻户晓。

除了革命事迹、红色故事、革命歌谣、革命舞蹈、革命戏剧等革命文艺作品，大别山非物质红色文化还包括大别山革命精神。大别山革命历史辉煌，革命传统光荣，革命功劳巨大，革命地位重要。大别山革命斗争在中国革命史上谱写下光辉篇章的同时，也孕育锻造出了宝贵的精神成果——大别山精神。大别山精神是从中国共产党诞生到新中国成立，以大别山为中心的鄂豫皖三省交界地区，由中国共产党及其领导的人民军队和革命群众，为了实现共产主义理想、建立新中国，在不懈的奋斗中形成的革命精神。① 2019 年 9 月，习近平总书记在河南考察调研时指出："鄂豫皖苏区根据地是我们党的重要建党基地，焦裕禄精神、红旗渠精神、大别山精神等都是我们党的宝贵精神财富。"

地处大别山的鄂豫皖三省均组织相关部门和专家学者对大别山精神进行了归纳概括，各自提出并表述了大别山精神内涵。在湖北省，1996 年黄冈市委提出"紧跟党走，艰苦奋斗，不屈不挠，无私奉献"的黄冈老区精神；2005 年湖北省、黄冈市、红安县三级党史部门联合开展专题研究，提出"万众一心，为党为民，朴诚勇毅，不胜不休"的红安精神。在河南省，2013 年信阳市召开研讨会，将大别山精神内涵表述为"坚守信念，胸怀全局，团结奋进，勇当前锋"。在安徽省，2016 年，中共六安市委提出的大别山精神内涵为"坚贞忠诚，牺牲奉献，万众一心，紧跟党走"②。

对大别山精神的提炼概括不断得到国家有关部门关注，2017 年，中共党史学家、中共中央党史研究室原副主任石仲泉采纳信阳市委党史研究室部分研究成果，将大别山精神内涵概括为：坚守信念、对党忠诚，胸怀全局、甘于奉献，依靠群众、团结奋斗，不畏艰苦、勇当前锋。大别山精神作为大别山非物质红色文化资源，是大别山红色文化的核心精髓和思想精华。

---

① 景晓锋：《大力弘扬和践行大别山精神》，《决策探索（下）》2021 年第 11 期。
② 汪季石、陈军：《"大别山精神"研究现状综述》，《黄冈师范学院学报》2020 年第 2 期。

第三节　大别山红色文化的作用价值

文化是在社会实践中孕育形成的，反过来又指导和规范社会实践的认知、价值和行为。毛泽东指出："一定的文化（当作观念形态的文化）是一定社会的政治和经济的反映，又给予伟大影响和作用于一定社会的政治和经济。"① 红色文化是中国特色社会主义文化的重要组成部分，对于党和国家事业的发展具有重要意义和特殊价值。

作为中国共产党创造的红色文化的重要组成部分，大别山红色文化是新民主主义革命时期中国共产党在大别山地区创造生成的一种具有鲜明地域特色的红色文化类型，蕴含着厚重丰富的革命历史、文化内涵和革命精神。传承和弘扬大别山红色文化，在全面建设社会主义现代化国家、全面推进中华民族伟大复兴的新时代新征程上，同样具有重要地位和时代价值。

一、中国共产党先进文化的重要内容

中国共产党在百年奋斗历程中创造的包括大别山红色文化在内的一个又一个伟大的先进文化，是中国共产党以科学的理论为指导，以坚定的信仰为基石，以远大的理想为目标，在继承和发扬中华民族优秀传统文化遗产的基础上，在把伟大实践与中华民族源远流长的民族精神相结合的过程中，在 100 多年的革命、建设、改革的奋斗实践过程中逐渐培育形成的。它们是中国共产党人宝贵的精神财富，共同构建出中国共产党人的精神世界和文化家园。

中国共产党创造的红色文化内容丰富，种类繁多，它们具有不同的历

---

① 《毛泽东选集》第二卷，人民出版社 1991 年版，第 663—664 页。

史内涵和表现形态。在新民主主义革命时期，中国共产党在不同历史阶段、不同区域创造出诸如井冈山红色文化、大别山红色文化、长征红色文化、延安红色文化、西柏坡红色文化等丰富的红色文化形态。它们是在党领导的中国革命事业的伟大实践中孕育产生和丰富发展起来的，同时它们的形成又为党领导的中国革命事业提供了不竭动力，推进了中国革命事业的胜利前进，促进了中国共产党自身不断发展壮大。中国共产党红色文化因革命而生，革命因红色文化而兴，是中国共产党夺取革命胜利的思想保证和精神动力，是中国共产党革命历史遗留给我们的弥足珍贵的宝贵精神财富。

大别山红色文化是新民主主义革命时期中国共产党创造的红色文化的源头之一。在新民主主义革命史上，大别山地区具有重要地位：这里是五四运动前后，马克思主义在中国最早的传播地之一；大革命时期，这里是全国农民运动高涨的重要区域；土地革命时期，这里是中国武装斗争的重要策源地和人民军队的重要发源地，中国共产党在这里领导了黄麻起义、立夏节起义（商南起义）、六霍起义等武装起义，建立起工农革命武装，创建了全国第二大革命根据地鄂豫皖苏区；抗日战争时期，这里是新四军抗击日本帝国主义侵略，坚持华东抗战的重要战场，是豫鄂边根据地敌后抗战的所在地；解放战争时期，这里是刘邓大军千里跃进的目的地，是实现中国革命从战略防御到战略进攻根本性转折的见证地。在整个新民主主义革命年代，大别山人民在中国共产党的领导和带领下，二十八年红旗始终高高飘扬在大别山上。在马克思主义真理的引领下，在中国共产党的领导下，大别山地区的广大人民群众和革命军队始终坚持革命理想，坚定信念，顾全大局，一心一意跟党走，全心全意干革命，不怕牺牲，浴血奋战，创造了彪炳史册的卓越功勋，用鲜血和生命点燃了革命胜利的火炬，用牺牲和奉献诠释了党的性质宗旨，同时也锻造铸就出伟大的大别山红色文化。

大别山红色文化是新民主主义革命时期中国共产党带领大别山军民艰

苦奋斗的光辉写照，与产生于革命的不同历史时期的红色革命文化，如井冈山红色文化、长征红色文化、延安红色文化、西柏坡红色文化等一样，都是在中国共产党领导革命斗争的过程中形成的，都是马克思主义先进文化与中国优秀传统文化相结合的精神结晶，都是中国共产党性质宗旨、价值追求、初心使命、优良传统和政治品质的文化展现和精神载体的集中反映，是中华民族精神、革命精神和时代精神的有机统一。大别山红色文化是中国共产党人文化家园的重要组成部分，是中国共产党人宝贵的精神财富与精神归宿，代表和彰显着中国共产党人的精神品格和精神风貌，是激励和鞭策新时代中国共产党人为实现远大理想和共同理想而奋斗的精神力量。

二、新时代党的建设新的伟大工程的宝贵财富

革命时期，大别山地区是中国共产党领导的重要战略区域。在大别山地区的革命历史中，中国共产党的领导、党组织的活动和革命武装的斗争贯穿新民主主义革命的始终。党领导下的大别山革命，在创造出大别山"二十八年红旗不倒"的辉煌历史的同时，也培育和造就了一大批如董必武、李先念等的卓越领导人和各个方面的领导骨干，以及新中国成立后大量党政军领导人才，同时大别山地区的斗争，在党的自身建设历史上也积累和沉淀了许多宝贵经验和曲折教训。承载这些党的建设的宝贵经验、优良传统和红色基因等信息的大别山红色文化是新时代中国共产党开展自身建设新的伟大工程的弥足珍贵的宝贵资源。

"先进性和纯洁性是马克思主义政党的本质属性。"[①] 大别山红色文化集中体现了中国共产党的先进性。自诞生至今 100 多年来，中国共产党从小到大、由弱到强，始终保持着无产阶级的先进性和纯洁性，始终代表中国先进社会生产力的发展方向，代表中国先进文化的前进方向，代表中国

---

① 《习近平关于全面从严治党论述摘编》，中央文献出版社 2016 年版，第 12 页。

最广大人民的根本利益。为了民族复兴、国家富强和人民幸福，中国共产党领导中国人民不懈奋斗，砥砺前行，不断夺取了革命、建设和改革事业的胜利。这其中，先进文化的科学指引和革命精神的强大支撑和推动作用是党不断攻坚克难、赢取胜利的一个重要因素。

大别山红色文化承载和体现了中国共产党的先进性。大别山红色文化是在长期革命实践中，党领导大别山军民创造发展形成的。一部大别山红色文化的形成发展史就是一部党领导大别山军民为着解放生产力和发展先进文化，为着最广大人民群众的根本利益而流血牺牲、不懈奋斗的历史。为了改变旧中国落后挨打的面貌，为了民族解放、国家富强、人民幸福，为了建设和实现美好的社会理想，大别山地区人民在党的领导下，坚守科学信仰，坚定革命信念，不屈不挠，前赴后继，牺牲奉献，在长期革命奋斗中孕育形成了大别山红色文化，大别山红色文化集中体现了中国共产党的先进性，彰显了中国共产党的政党本质。

大别山红色文化彰显了中国共产党的精神追求。马克思主义信仰和共产主义理想是中国共产党的精神追求，是党的思想根基。习近平总书记指出："对马克思主义的信仰，对社会主义和共产主义的信念，是共产党人的政治灵魂，是共产党人经受住任何考验的精神支柱。"[①] 在长期革命斗争中，大别山地区的广大人民群众和革命军队坚定马克思主义信仰，坚持共产主义理想信念，坚持党的领导，坚持革命必胜信念，下定将革命进行到底的决心，百折不挠开展革命斗争，创造了"二十八年红旗不倒"、革命火种不灭的历史奇迹。这种不懈的奋斗和牺牲源自于大别山地区人民群众和革命武装的坚定理想信念。马克思主义的科学真理性、实现共产主义理想的信仰信念激励着大别山地区的人民群众和革命武装前赴后继，不畏艰险，不怕牺牲，革命到底。正如大别山里走出来的徐向前元帅所说的：经过党长期培养和长期革命斗争锻炼的干部、战士和人民群众，对党、对共

---

① 《习近平谈治国理政》，外文出版社 2014 年版，第 15 页。

产主义事业具有无限的忠诚和坚定的信心，表现出伟大的革命英雄主义气概，证明我们的党尽管多灾多难，但力量却是无穷无尽的。[①] 理想信念是中国共产党的立党之魂和思想根基，是中国共产党人的永远精神追求。大别山军民用鲜血和生命铸就的大别山红色文化，阐释了中国共产党的马克思主义科学信仰和共产主义的远大理想。

大别山红色文化体现了中国共产党人的价值指向。立党为公、执政为民是中国共产党的政治理念，全心全意为人民服务是中国共产党的根本宗旨，代表了中国共产党建党 100 多年来全部实践活动的价值指向。在长期武装斗争中，大别山地区的中国共产党始终秉持这一政治理念，践行党的根本宗旨，坚持一切为了人民，紧紧依靠人民，贯彻党的群众路线，卓有成效地开展群众工作，赢得了大别山地区人民群众的衷心拥护和鼎力支持，为夺取中国革命的胜利提供了根本保障。正如邓小平所说："我们离了党的领导，活不成！离开了人民，离开了枪杆子，更活不成！"[②] 相信人民，依靠人民，全心全意为人民谋利益，是大别山能坚持 28 年武装斗争，红旗不倒，火种不熄，最终夺取革命胜利的根本原因。

先进文化提供思想引领，革命精神推动事业进步，大别山的革命历史证明始终坚持全心全意为人民服务的根本宗旨、始终保持和人民群众的血肉联系，是党的根本所在、生命所系，是党领导的事业无往而不胜的基本保证。大别山红色文化体现出中国共产党全心全意为人民服务的立党宗旨，是中国共产党精神家园建设始终不变的奋斗目标和价值指向。

三、中国共产党人初心使命终生教育的永恒教科书

中国共产党人的初心和使命，就是为中国人民谋幸福，为中华民族谋复兴。这是激励我们党不断前进的根本动力，"中国共产党一经成立，就把实现共产主义作为党的最高理想和最终目标，义无反顾肩负起实现中华

---

① 徐向前：《历史的回顾》，解放军出版社 1984 年版，第 92 页。

② 《大别劲松》，河南人民出版社 1988 年版，第 273 页。

民族伟大复兴的历史使命，团结带领人民进行了艰苦卓绝的斗争，谱写了气吞山河的壮丽史诗"①。一部中国共产党历史就是一部党不忘初心、牢记使命而不懈奋斗的历史。"不忘初心、牢记使命"主题教育是新时代广大党员干部的终身教育，在"不忘初心、牢记使命"终身教育中，教育载体必不可少。红色文化是中国共产党长期奋斗实践的产物，是中国共产党奋斗历史的高度浓缩。作为党在大别山地区奋斗的结晶，大别山红色文化印证了鄂豫皖大别山地区中国共产党发展壮大的历程，见证、记载和承载着中国共产党为中国人民谋幸福、为中华民族谋复兴的奋斗历史，是"不忘初心、牢记使命"终身教育的重要载体，是一部生动的革命教育活教材。

大别山在中国革命史上具有重要地位。五四运动以来，为了获得民族独立和人民解放，大别山地区人民进行了不屈不挠的斗争。特别是中国共产党成立之后，立即在大别山地区领导开展了革命运动和武装斗争，整个新民主主义革命时期的大革命、土地革命、抗日战争和解放战争等不同历史阶段，大别山地区党的活动不断，战斗烽火不息，革命红旗 28 年不倒。大别山革命影响规模之大、持续时间之长、环境变化之复杂，在全国其他各个革命根据地的历史中也极为少见。可以说，一部现代大别山红色文化生成的历史就是一部浓缩的中国共产党党史，它见证和记载了中国共产党围绕立党初心、为了民族复兴使命而不懈奋斗的光辉历程。大别山革命历史在形成的过程中在大别山地区遗留下丰富的红色文化遗产，据统计，大别山红色文化资源达上千处之多，是全国革命遗迹最多的地区，这些红色文化资源对新时代党和国家事业发展具有重要价值和意义。

历史是最好的教科书，中国革命史是最好的营养剂。党的十八大以来，习近平总书记高度重视红色文化的传承和弘扬，多次强调："要把红色资源利用好，把红色传统发扬好，把红色基因传承好。"大别山红色文

---

① 《习近平著作选读》第二卷，人民出版社 2023 年版，第 11 页。

化见证和承载着中国共产党为了中国人民幸福、中华民族复兴不懈奋斗的光辉历史。以大别山红色文化为载体开展"不忘初心、牢记使命"主题教育，在大别山红色文化中学习大别山革命斗争历史，用党的光辉历史、奋斗历程和革命传统培基固本，夯实党性根基，使广大党员干部更加深刻了解中国共产党诞生的历史逻辑、立党初心和肩负使命，更加深刻领悟到党建立100多年来始终初心不改、勇担使命、夺取胜利的奋斗历程，为新时代实现中华民族伟大复兴中国梦的新征途始终坚守初心，牢记使命，攻坚克难，胜利夺取新的伟大胜利打下坚实思想根基。

四、激励党员干部砥砺奋进、夺取胜利的不竭动力

中国共产党红色文化是在党领导的长期的革命斗争中孕育锻造而来，历经革命战争洗礼，是夺取新民主主义革命胜利的强大思想法宝和宝贵精神财富，为新时代新征程夺取新胜利提供强大思想保障和精神动力。习近平总书记指出："对我们共产党人来说，中国革命历史是最好的营养剂。多重温我们党领导人民进行革命的伟大历史，心中就会增加很多正能量。"[①] 红色文化中承载和印证的中国共产党革命历史，能够凝聚人心，统一意志，汇集智慧，凝聚力量，是一种激励党员干部砥砺奋进，排除万难，夺取胜利，实现中华民族伟大复兴中国梦的不竭的强大精神动力。

先进文化源于伟大事业创造，伟大事业需要先进文化滋养，伟大实践需要革命精神支撑推动。中国共产党在100多年的奋斗历程中，在艰苦卓绝的革命斗争年月，不管是面对封建地主军阀的残暴统治还是国民党蒋介石的军事"围剿"，不管是面临日本帝国主义的疯狂侵略还是解放战场上敌人的重兵包围，始终矢志不渝、前赴后继、不屈不挠地浴血奋战，在革命的征程上取得一个又一个的伟大胜利。其中一个重要的原因在于中国共产党在革命斗争实践中，将马克思主义与中国革命实际相结合、与中华优

---

① 《习近平关于社会主义精神文明建设论述摘编》，中央文献出版社 2022 年版，第 139 页。

秀传统文化相结合，孕育锻造出一个个先进文化和革命精神，构建起了一个强大的红色文化家园和革命精神谱系。这些红色文化和伟大革命精神一经形成，反过来为党的革命斗争实践提供了坚实的思想保障和强大的精神动力，助推着党的革命事业不断前进，从一个胜利走向另一个胜利。

在中国革命史上，大别山革命地位显赫，过程艰辛曲折，历史苦难辉煌，在中国共产党领导的革命史上谱写下辉煌的篇章，为中国革命的胜利作出了卓越的贡献。大别山人民在血与火的斗争中以坚定的革命信念和不屈的革命精神开创了大别山鄂豫皖革命老区"二十八年红旗不倒"的光辉历史，凝结沉淀成为内涵丰富、底蕴深厚的大别山红色文化。党的十八大以来，习近平总书记多次强调，"我们要铭记光辉历史、传承红色基因，在新的起点上把革命先辈开创的伟大事业不断推向前进"。新民主主义革命时期，在党的领导下，大别山地区千千万万的人民群众为了砸碎旧世界、建立新世界，为推翻帝国主义、封建主义、官僚资本主义统治揭竿而起，奋起抗争，团结奋斗，敢于革命，勇于斗争，不胜不休，直至争取革命胜利。大别山革命的形势虽几起几落，过程艰难曲折，但大别山人民群众和革命军队坚持理想信念高于天，义无反顾地听党话，铁了心地跟党走，不惜抛头颅、洒热血，心甘情愿做奉献，默默无私敢牺牲，坚持革命斗争不间断。纵观大别山人民用鲜血和生命创造的辉煌历史，可以看到，它始终贯穿着一种文化和精神的力量，这种文化和精神就是大别山革命斗争中孕育生成的大别山红色文化和大别山革命精神。只有在这种大别山红色文化和精神力量的支撑和推动下，大别山革命才能在极端险恶的环境中孕育发展并坚持下来，继而从胜利走向胜利。

毛泽东指出："革命文化，对于人民大众，是革命的有力武器。"① 革命年代，在红色革命文化的支撑激励下，在极其险恶的环境里，大别山军民坚持党的领导，坚定理想信念，初心不改，攻坚克难，直至胜利。可以

---

① 《毛泽东选集》第二卷，人民出版社 1991 年版，第 708 页。

说，没有先进的红色文化，就难以解放民众思想，激励斗争精神，鼓舞战斗意志，大别山军民很难在多重压迫和剥削下觉醒奋斗，在极其险恶的环境下始终坚持革命斗争、牺牲奉献，也很难高举红旗 28 年，最后夺取革命胜利。习近平总书记指出："我们党在长期艰苦卓绝的奋斗中，历经曲折而不畏艰险，屡受考验而不变初衷，由小到大，由弱变强，靠的还是坚定的理想信念和百折不挠的革命精神。"[①]

历史是最好的教科书，中国革命史是最好的营养剂。波澜壮阔的大别山革命斗争历史培育出内涵丰富的大别山红色文化和大别山精神，蕴藏了推进党和国家事业进步的无穷力量。今天，我们正肩负着实现社会主义现代化和中华民族伟大复兴的历史任务和使命，前进的道路上面临着各种困难。"四种风险"和"四种挑战"是摆在我们面前需要解决的重大课题，需要红色文化和精神力量支撑推动。弘扬大别山红色文化，就是用其中蕴含的革命理想信念、乐观英雄主义和牺牲奉献精神教育激励广大党员干部牢记入党初心，坚守马克思主义信仰，坚定共产主义远大理想和中国特色社会主义共同理想信念，坚定"四个自信"，面对前行中的挑战，坚定信心，沉着应对，担当作为，为实现中国特色社会主义现代化和中华民族伟大复兴打下坚实思想根基，注入强大精神动力。

---

① 习近平：《干在实处　走在前列——推进浙江新发展的思考与实践》，中共中央党校出版社 2006 年版，第 456 页。

第六章

大别山精神

红色革命精神是红色文化的重要内容和思想精髓。红色革命精神是指中国共产党带领广大人民群众和革命军队在长期奋斗实践中，为实现共同目标，坚持革命理想，坚守革命信仰，坚定革命信念而进行的革命行动中凝聚表现的革命品质、革命风貌的总和。红色革命精神集中体现了中国共产党人的政治觉悟、思想意志、道德品质，优良传统和革命风范。自1921年成立以来，在百年奋斗历程中，中国共产党团结带领中国人民积极改造客观世界，领导伟大社会革命，取得了革命、建设和改革的伟大胜利，在引领中国特色社会主义进入新时代的同时，自觉改造主观世界，培育锻造出一系列具有丰富时代内涵、地域特色和精神品格的伟大红色革命精神，一部中国共产党的百年历史既是一部党为了实现中华民族伟大复兴，团结带领中国人民站起来、富起来、强起来的实践奋斗史，也是一部不断铸造伟大红色革命精神的思想文明史。

2021年2月，习近平总书记在党史学习教育动员大会上的重要讲话中指出："在一百年的非凡奋斗历程中，一代又一代中国共产党人顽强拼搏、不懈奋斗，涌现了一大批视死如归的革命烈士、一大批顽强奋斗的英雄人物、一大批忘我奉献的先进模范，形成了井冈山精神、长征精神、遵义会议精神、延安精神、西柏坡精神、红岩精神、抗美援朝精神、"两弹一星"精神、特区精神、抗洪精神、抗震救灾精神、抗疫精神等伟大精神，构筑起了中国共产党人的精神谱系。……为我们立党兴党强党提供了丰厚滋养。"同年 7 月 1 日，在庆祝中国共产党成立 100 周年大会上的讲话中，习近平总书记进一步强调指出："一百年前，中国共产党的先驱们创建了中国共产党，形成了坚持真理、坚守理想，践行初心、担当使命，不怕牺牲、英勇斗争，对党忠诚、不负人民的伟大建党精神，这是中国共产党的精神之源。一百年来，中国共产党弘扬伟大建党精神，在长期奋斗中构建起中国共产党人的精神谱系，锤炼出鲜明的政治品格。"中国共产党人的精神谱系是我们党和国家宝贵的精神财富和丰厚的政治资源，"这些伟大革命精神跨越时空、永不过时，是砥砺我们不忘初心、牢记使命的不竭精神动力。"2022 年 10 月胜利召开的党的二十大擘划了全面建设社会主义现代化国家，推进中华民族伟大复兴宏伟蓝图，新时代新征程，全党上下必须深刻学习领会习近平总书记的重要论述精神，以中国共产党百年奋斗进程中形成的精神谱系为滋养，厚植于全面建设社会主义现代化国家新征程上的思想家园，用中国共产党创造的百年精神谱系凝聚奋进新征程的不竭动力。

大别山是中国革命的重要策源地，人民军队的重要发源地，是中国革命的摇篮和圣地。在长期革命斗争中，大别山军民在党的领导下，浴血奋战，前赴后继，不胜不休，为中国革命的胜利、为新中国的建立作出了巨大牺牲奉献，立下了伟大功勋。大别山辉煌的革命历史沉淀下丰富的大别山红色文化，同时也孕育锻造出伟大的红色革命精神——大别山精神。大别山精神是中国共产党人精神谱系的重要组成部分。2021 年 10 月，党中央批准将大别山精神纳入中宣部梳理的第一批中国共产党人的精神谱系中。这对于新时代大力发扬大别山革命传统、赓续中国共产党人精神血脉，促进大别山精神的研究、传承以及弘扬意义重大，影响深远。

习近平总书记一直高度重视革命老区，他先后两次来到大别山革命老区，参观大别山地区的革命遗址遗迹、纪念场馆，回顾大别山辉煌历史，缅怀革命先烈，考察老区脱贫攻坚工作。2016 年 4 月 24 日，习近平总书记在地处大别山地区的安徽省金寨县考察时，向红军广场革命烈士纪念塔敬献了花篮，瞻仰了红军纪念堂，参观了革命博物馆并听取了金寨县革命历史和大别山精神介绍。他充分肯定了金寨的革命历史，要求广大党员干部"把红色资源利用好、把红色传统发扬好、把红色基因传承好"。他指出："一寸山河一寸血，一抔热土一抔魂。回想过去的烽火岁月，金寨人民以大无畏的牺牲精神，为中国革命事业建立了彪炳史册的功勋，我们要沿着革命前辈的足迹继续前行，把红色江山世世代代传下去。"同时他强调指出："无论是革命战争年代还是改革开放新时期，老区人民为党和国家作出了巨大贡献。老区人民对党无限忠诚、无比热爱。老区精神积淀着红色基因。在今天奔小康的路上，老区人民同样展现出了强烈的奉献奋斗精神。"他要求金寨作为"中国革命的重要策源地、人民军队的重要发源地，要提炼好、弘扬好'大别山精神'，让红色基因代代相传，让红色江山永不变色"。习近平总书记还强调在新形势下打好脱贫攻坚硬仗，各级各部门和广大基层干部必须弘扬大别山精神，勇于牺牲、甘于奉献，千方百计地加快脱贫攻坚步伐，确保老区人民和全国人民一道共同迈入小康社会。

2019 年 9 月 16 日至 18 日，习近平总书记到河南省考察调研。考察期间，总书记深入革命老区，深情缅怀革命先烈，告慰革命英灵，看望红军后代、革命烈士家属代表，调研指导经济社会发展、脱贫攻坚、乡村振兴等工作。考察调研第一站，习近平总书记就来到了鄂豫皖苏区首府所在地新县。在瞻仰革命烈士纪念馆时，总书记对大别山革命烈士的牺牲奉献作出了高度评价。在革命博物馆，他动情地说："'吃水不忘掘井人'，我每次到革命老区考察调研，都去瞻仰革命历史纪念场所，就是要告诫全党同志不能忘记红色政权是怎么来的、新中国是怎么来的、今天的幸福生活是怎么来的。"他强调指出："鄂豫皖苏区根据地是我们党的重要建党基地，焦裕禄精神、红旗渠精神、大别山精神等都是我们党的宝贵精神财富。"他勉励号召新时代广大党员干部"在接受红色教育中守初心、担使命，把革命先烈为之奋斗、为之牺牲的伟大事业奋力推向前进"。同时他要求提炼好、弘扬好大别山精神，让红色基因代代相传，让红色江山永不变质。

党的十八大以来，习近平总书记对大别山革命老区的两次考察，关于大别山鄂豫皖革命根据地以及大别山精神的重要论述，充分肯定和高度赞扬了大别山革命老区在革命年代创造的"二十八年红旗不倒"的彪炳史册的历史功勋，首次明确了鄂豫皖革命根据地是中国共产党重要建党基地的重要地位，作出了大别山精神是中国共产党精神谱系的重要内容、是中国共产党的宝贵精神财富的重要论断，赋予了大别山革命老区巨大的历史光荣和重大的历史使命。习近平总书记的重要论述为研究鄂豫皖苏区根据地历史，研究、学习和弘扬大别山精神，提供了根本遵循。

大别山精神指的是从 1921 年中国共产党诞生至 1949 年新中国成立这一特定历史时期，大别山区这一特定范围的革命武装和人民群众在中国共产党的领导下，为了民族独立、人民解放，在推翻封建主义、帝国主义和官僚资本主义的长期革命斗争中铸就的革命信仰、革命行动、革命品质的精神总和。[①] 大别山精神是中国共产党领导大别山地区军民在长期革命战争中用鲜血和生命铸就的伟大精神，是"我们党的宝贵精神财富"，大别山精神和伟大建党精神、井冈山精神、延安精神、沂蒙精神、长征精神、西柏坡精神等一样，都是中国共产党人精神谱系的重要组成部分。

学界对大别山精神关注已久。近年来，全国学术界关于大别山精神的研究宣传日渐进入高潮，研究的成果时常见之于报纸、杂志和网络。20 世纪 80 年代初，河南籍作家陈创在一篇散文中提出"大别山的精神"。2004 年，赵士红在《弘扬刘邓大军挺进大别山的革命精神》一文中提出"大别

---

① 张晓路：《"大别山精神"的当代价值》，《科教文汇（上旬刊）》2017 年第 22 期。

山的革命精神"概念，并初步总结概括其内涵为"顾全大局、勇挑重担的精神，艰苦奋斗、战胜一切困难的精神，实事求是、一切从实际出发的精神，齐心协力、精诚团结的精神"。2016年11月召开的中共安徽省委十届一次全会上，中共安徽省委提出"大别山革命老区精神"，将其定义为"理想坚定、事业必胜，严守纪律、永跟党走，不怕牺牲、甘于奉献，联系群众、生死与共，实事求是、艰苦奋斗"。

大别山精神概念的提出，据笔者了解，最早是在2009年，这一年为纪念大别山地区黄麻起义80周年，刘国胜撰文《大别山精神综述》。在这篇文章中，刘国胜首次提出"大别山精神"概念并将之总结概括为"信念坚定、意志顽强、意识先进、品质质朴、行动果敢"，以此为标志和起点，学术界对大别山精神研究起步并逐渐升温，学者们分别从大别山精神的内涵地位、特点品格、价值意义、实践路径等多维度多层次多方面开展了探讨，取得了一定的成绩。

近年来，特别是习近平总书记关于大别山精神作出重要指示、发表一系列重要论述后，大别山精神迅速成为学界研究热点。各地相继召开了一系列以大别山精神为主题的学术会议，学者们在大别山精神研究的内涵、特点、地位、功能、价值以及利用开发等方面展开深入探讨，成果不断丰富。一大批有关大别山精神的较高质量的学术论文公开发表。截至2022年底，据不完全统计，以"大别山精神"为关键词查询，在知网上能搜索到近300篇论文。同时，以大别山精神为对象的数部学术专著面世。如2020年，田青刚主编的《大别山精神》公开出版发行，该书对大别山精神的来源内涵、历史地位、时代价值进行了全面细致的论证与阐释，成为大别山精神研究的一大亮点。

在大别山精神研究中，针对大别山精神内涵的研究受到关注，大别山地区所处鄂豫皖三省各级党委政府都非常重视对大别山精神的凝练和概括，积极推动相关研究开展。为此，安徽金寨县专门开展过大别山精神表述语征集和"我心中的大别山精神"征文等活动，河南省信阳市还专门成立了"大别山精神"课题研究组，希望对大别山精神的内涵作出规范表述。2013 年 4 月，中共河南省委党史研究室、中共信阳市委在征求各方面意见的基础上，对大别山精神内涵作了进一步的表述，即"坚守信念、胸怀全局、团结奋斗、勇当前锋"四句话 16 个字，将原来的"团结一心"改为"团结奋斗"。湖北、安徽等地也加大了这方面的工作力度。2013 年，湖北省麻城市纪委监察局撰文，将红色大别山精神概括为"紧跟党走、艰苦奋斗，敢于牺牲，不胜不休"。2016 年，安徽省六安市面向全国开展了"大别山精神表述语"征集、评选活动，通过进一步的论证和完善，最终得出了六安市关于大别山精神的新表述，即"坚贞忠诚、牺牲奉献、万众一心、永跟党走"。2018 年，安徽省委党史研究部门将大别山精神概括为："坚定信念、威武不屈、众志成城、勇当先锋"。[1]

除了大别山地区鄂豫皖三省相关市县党委政府积极就大别山精神开展研究，提炼总结大别山精神定义内涵之外，来自全国各地的专家学者对大别山精神的关注度也在不断提升，他们从不同侧面开展大别山精神的探究，研究成果不断丰富，如石仲泉将大别山精神提炼总结成"坚守信念、对党忠诚，胸怀全局、甘于奉献，依靠群众、团结奋斗，不畏艰苦、勇当前锋"。李力钢将大别山精神表述为"对党忠诚、甘于奉献、前赴后继、勇往直前"。汪谦干总结大别山精神内涵为"信心坚定、团结协作、依靠群众、坚韧不拔、勇于创新"。朱慧花将大别山精神剖析为"英勇无畏、百折不挠是其精髓；坚定信念、对党忠诚是其核心；艰苦奋斗、勇往直前是其支柱；无私奉献、敢于牺牲是其体现"。刘利将大别山精神归纳为"信念坚定、执着坚韧的精神；艰苦奋斗、廉洁奉公的精神；朴诚勇毅、求真务实的精神；万众一心、不胜不休的精神"。杨文超结合抗战歌谣的研究，将大别山精神的内涵归结为"矢志不渝的坚守抗战精神，胸怀大局的担当奉献精神，团结一心的抗日救国精神，勇当先锋的杀敌救国精神"。

---

[1] 郑兴刚、曾祥明：《大别山精神研究现状与思考》，《苏区研究》2019 年第 4 期。

蒋仁勇归纳出的大别山精神是："坚定信念、不屈不挠、胸怀大局、廉洁奉公、严守纪律、依靠群众"。武会中概括大别山精神内涵为"信念坚定、英勇顽强、团结一心、甘于奉献"。刘国胜将大别山精神归纳为"意志顽强、意识先进、品质质朴、行动果敢"。张果将大别山精神概括为"坚守信念、胸怀全局、团结一心、勇当前锋"。郑兴刚、曾祥明将大别山精神归纳为"坚定信念、赤胆忠心、无私奉献、艰苦奋斗"。刘晖等将大别山精神概括为"对党忠诚，前赴后继，不怕牺牲，依靠群众、同甘共苦、胸怀大志、敢于担当"。王克群等人概括出"信念、奉献、团结、争先"的大别山精神内涵。贾瑛认为大别山精神的核心内涵是："信念坚定，对党忠诚；英勇顽强，敢打善战；甘于奉献，敢于牺牲；一心为民，军民团结；实事求是，善于创新"。目前关于大别山精神的研究，学界渐渐掀起高潮，已形成开放式研究的局面，群策群力，与时俱进。这为大别山精神内涵最终提炼概括的权威表述提供了有益的借鉴与参考，不断深化了大别山精神研究的深度和厚度，扩大了鄂豫皖大别山地区红色革命文化的影响，有力地促进了大别山地区红色文化资源的开发利用和大别山革命老区的经济社会发展。

但也必须承认，由于大别山地区地域广阔，面积巨大，横跨了鄂豫皖三省多个地市数十个县区，各地党委政府和专家学者由于立足不同，着眼迥异，角度多维，加之大别山精神研究起步较晚，对于大别山精神内涵的表述见仁见智，难有共识，至今没有统一的观点和表述，因此出现了各地方及部分专家学者的多种不同表述，很大程度上制约了大别山精神的学术研究、宣传影响与开发利用，以及大别山精神在全国的影响力。

地处大别山腹地的安徽省金寨县是中国革命的重要策源地、人民军队的重要发源地，这里是鄂豫皖革命根据地的核心区域，有着光辉的革命历史，丰厚的红色文化资源。在大别山精神研究方面，金寨县相关部门和专家学者研究起步较早，成果丰富。2016 年，金寨县曾专门开展了大别山精神内涵征集活动。经过省市相关专家初选、评审，并借鉴其他省市的专家学者的提炼概括，金寨县把大别山精神归纳为"坚贞忠诚、牺牲奉献、永跟党走"，这一内涵表述后经中共六安市委第四届六次常委会讨论研究，增加了"一心为民"，正式确定将"坚贞忠诚、一心为民、牺牲奉献、永跟党走"确立为大别山精神的内涵。

坚贞忠诚、一心为民、牺牲奉献、永跟党走的大别山精神内涵是相互联系的辩证统一的整体，其逻辑严密，内涵丰富，思想深邃。其中坚贞忠诚是大别山精神的核心本质，一心为民蕴含了大别山精神所追求的价值宗旨，牺牲奉献体现的是大别山精神的鲜明特征，永跟党走是大别山精神一直不变的永恒主题，集中展现了革命战争年代，大别山地区的中国共产党人、人民军队和革命群众的思想意识、价值观念、人生态度和行为风范。

第一节　坚贞忠诚

坚贞忠诚是大别山精神的核心本质。崇高的理想、坚贞的信念是中国共产党人的立身之本、精神之"钙"，是党生存和发展的不竭动力。"革命理想高于天"，中国共产党成立以来，无数共产党人以坚定的理想信念，坚贞的思想信仰接续奋斗，砥砺前行，夺取胜利。大别山军民在残酷的战争环境下，面对敌人不断的围剿，以坚定理想信念释放出强大的力量，保持革命红旗在大别山上屹立不倒。

一、坚持理想，坚守信念

习近平总书记指出："理想指引人生方向，信念决定事业成败。"[1] 坚贞忠诚的大别山精神首先体现为坚定的理想信念，赤胆忠诚的政治本色。大别山革命史是一部坚守信念的忠诚史。革命战争年代，大别山革命烽火

---

[1] 《习近平谈治国理政》，外文出版社2014年版，第50页。

始终不息，根本原因在于大别山军民对共产主义远大理想的坚持，对马克思主义的坚守，以及对中国共产党的无限热爱、无限忠诚，对党领导的革命事业无比坚定自信。坚贞忠诚的大别山精神蕴含着坚定的理想信念，体现了共产党人"革命理想高于天"的革命情怀，对党、对人民以及对党革命事业的赤胆忠心。无论是革命运动的初始阶段，还是革命发展的高潮时期，即使是革命遭受挫折的危急关头，大别山地区党和人民都能始终坚持必胜的信念和革命到底的决心，党组织带领人民军队和人民群众矢志不渝、坚忍不拔、百折不挠、威武不屈，使大别山上高高飘扬的红旗不倒。据安徽金寨县组织编写的《红军源》一书载，在鄂豫皖根据地中，湖北省组建了 29 支主力红军队伍，安徽省组建了 15 支红军队伍，河南省组建了 7 支队伍，共占全国根据地组建的 150 支队伍的 34％。其中仅金寨一个县就组建了 11 支主力红军队伍，位居全国第一，占安徽省的 73％、鄂豫皖的 22％。大别山革命斗争为中国革命的胜利和新中国的诞生建立了伟大功勋，用鲜血和生命铸就了光辉灿烂的大别山精神。

理想信念一经点燃，革命火种永不熄灭。大别山的党组织建立以来，在党的领导下，大别山燃起理想信念之火，鼓舞和激励大别山人民为了实现革命理想，在白色恐怖和极其困难的环境下百折不挠，为之奋斗，不惜抛头颅、洒热血，涌现出无数的革命英雄和革命志士。

1927 年 11 月，党的八七会议后，湖北麻城人刘文蔚等领导发动黄麻起义，建立革命政权。12 月，在和国民党反动派斗争中，由于叛徒告密出卖，刘文蔚不幸被捕。敌人对他严刑拷打，刘文蔚坚贞不屈，英勇斗争，敌人无可奈何，决定将刘文蔚杀害。赴刑途中，刘文蔚等革命烈士高唱《国际歌》，高呼"天下穷人都拥护共产党，共产党杀不完！"，之后英勇就义，年仅 21 岁。被威逼来观看的大别山群众，无不热泪滚滚。当地竟没有一个人愿意当刽子手，敌人无奈只得重金雇佣一个外乡人来行刑。

大别山地区人民深受官僚、军阀、地主压迫剥削，革命意志坚定。1928 年初黄安失守后，黄麻起义农民自卫队队长程儒香不幸被捕入狱，在敌人的百般折磨下，程儒香始终威武不屈，他痛斥敌人说："你们要杀就杀我一个，共产党是杀不完的。今天你们杀了老子，再过 20 年，老子又是条英雄好汉，还要跟你们干。"时值滴水成冰的寒冬时节，恼羞成怒的敌人将他裸身露体钉在树上，逼其交出共产党员和赤卫队员名单。程儒香毫不畏惧屈服，厉声痛斥敌人，豪迈地发出"只要我不死，就要闹革命!"的铮铮誓言，最后受尽酷刑壮烈牺牲。

理想信念是战胜艰难困苦，视死如归的坚强精神支柱，大别山地区共产党人和人民始终坚信，只要在党的领导下，共产主义理想一定能够实现。坚定的理想信念使得巾帼不让须眉。1932 年秋，红 4 方面军第四次反"围剿"失利，金寨女红军战士余品英带领群众转移时不幸被捕，敌人对余品英严刑拷打。残暴的敌人钳了两个烧红的犁铧尖，威胁余品英再不老实交代，就要她赤脚穿上! 余品英将生死置之度外，宁死不屈，她毫不畏惧地站在两个烧红的犁铧尖上。敌人残忍地将她剁成了四块，余品英为着大别山人民求解放的崇高理想献出了宝贵的生命!

"遵从马列无不胜，深信前途会伐柯。"无产阶级老一辈革命家董必武的这首明志诗生动阐释了大别山精神坚定理想信念的核心要义。整个革命时期，像程儒香、刘文蔚这样信仰如山、信念如磐，"砍头只当风吹帽，甘洒热血绘锦绣"，不怕牺牲、视死如归的共产党员数不胜数。邓小平同志指出："为什么我们过去能在非常困难的情况下奋斗出来，战胜千难万险使革命胜利呢? 就是因为我们有理想，有马克思主义信念，有共产主义信念。"①

习近平总书记强调："我们党之所以能够经受一次次挫折而又一次次奋起，归根到底是因为我们党有远大理想和崇高追求。"② 大别山许许多多革命先烈不惜流血牺牲，靠的就是对马克思主义的信仰、对社会主义和共产主义的坚定信念，为的是实现共产主义这个理想。

---

① 《邓小平文选》第三卷，人民出版社 1993 年版，第 110 页。
② 《习近平谈治国理政》第二卷，外文出版社 2017 年版，第 34 页。

他们在极其艰苦的斗争形势之下，面对敌人惨无人道的酷刑和威逼利诱，展现出坚强的革命意志和崇高的奉献精神，他们用坚定的理想信念，不懈的斗争，燃起大别山工农武装革命烽火，换来了革命的成功，用鲜血和生命铸就了不朽的大别山革命精神。

二、牢记初心使命，前赴后继，革命到底

"中国共产党的初心和使命，就是为中国人民谋幸福，为中华民族谋复兴。"① 中国共产党的百年历史，就是一部为着民族复兴和人民幸福舍生忘死，不懈奋斗的历史。坚贞忠诚的大别山精神蕴含着中国共产党人不渝的初心、永恒的使命，以及为之革命到底的气魄。它激励和指引着大别山军民不畏牺牲，革命到底，直至胜利。

牢记和践行中国共产党人的初心和使命深刻融入了大别山精神里，体现在大别山的革命斗争历程中。当年，大别山革命者们深刻地感受到国家的危亡，人民的苦难和民族的苦难，以巨大的责任担当、胸怀和勇气奋不顾身走上革命道路。大别山地区是中国共产党的重要建党基地，党的一大代表中，董必武、陈潭秋和包惠僧三位代表来自大别山地区。土地革命时期，党领导大别山地区三大武装起义，创建起的革命队伍日后成为三大主力红军的武装队伍，这里建立的鄂豫皖革命根据地是当时全国第二大革命根据地，为中国共产党探索农村包围城市的道路作出积极贡献。长征时期，从大别山走出来的两支红军主力部队，为工农红军长征的胜利作出了重大贡献。解放战争时期，著名的中原突围和千里跃进大别山在这里发生，大别山革命历史丰富，成就辉煌，是大别山儿女牢记初心，勇担使命，浴血奋战直至胜利的真实写照，充分表现出大别山精神中蕴含的不忘初心使命，将革命进行到底的豪迈气魄。

始终为中国人民谋取幸福生活是中国共产党不变的初心和宗旨。今

---

① 《习近平著作选读》第二卷，人民出版社2023年版，第1页。

天，在河南新县鄂豫皖苏区首府革命博物馆，有一面青砖墙。墙上誊抄着《中国苏维埃第一次全国代表大会土地法令（草案）》。1931年，中华苏维埃第一次全国代表大会召开，会议通过了土地法。1932年初，土地法传到鄂豫皖革命根据地，当地苏维埃主席请秘书将全文誊抄在墙上，进行广泛宣传。这面墙承载着大别山无数农民成为土地主人的期盼，见证了大别山共产党人为人民谋幸福，为民族谋复兴的不变初心使命。①

正是始终坚守初心使命，大别山党、人民群众和革命队伍才能前赴后继，坚持革命到底，坚信革命一定能够胜利。1931年，鄂豫皖根据地建立后不久，国民党反动派对根据地开始了大规模"围剿"，鄂豫皖苏区的红军在党的领导和指挥下，连续粉碎了国民党军的三次"围剿"。但由于王明"左"倾教条主义错误的影响和干扰，鄂豫皖根据地第四次反"围剿"斗争失败，红军主力被迫战略转移，撤离大别山。随着红4方面军和红25军先后离开苏区，敌人对大别山根据地进行了疯狂的"清剿""血洗"，大别山民众没有向反动派屈服，他们在艰难的环境下坚持斗争不停歇，坚决开展游击斗争。到1934年冬，在敌人的疯狂破坏下，鄂豫皖苏区根据地仅剩下残缺不全面积很小的四块根据地，群众不足千户，干部战士加伤员仅千余人。为了坚持斗争，他们不得不露宿深山，衣食无着，长期吃不到盐，几乎全靠野菜、树根果腹，过着难以想象的艰苦生活。但即使如此，他们也绝不向敌人屈服，宁愿挨饿受冻，宁死也不愿下山当国民党的"顺民"，很多人饿死在山上。他们坚信革命必胜，说"树也砍不完，山也烧不尽，只要青山在，到处有红军"，坚信红军一定能够回来，革命事业一定能够成功。被誉为"大别山的儿子"的刘名榜，自1928年起就坚持在大别山开展游击斗争，艰苦卓绝的斗争环境下，他鼓励战友们："哪怕只剩下一个人，也要坚持到底，决不让大别山革命的红旗在我们手中倒下！"1934年11月，随着红25军战略转移出大别山，大别山革命形势更加严峻

---

① 孙楠：《红旗不倒　火种绵延》，《新华每日电讯》2021年11月4日。

复杂，留守大别山游击作战的红 28 军在高敬亭的领导下，继续坚持游击战争三年多，直至全面抗战爆发后被改编为新四军第四支队，投入抗日洪流。革命低潮阶段，大别山环境凶险异常，面对国民党反动派的疯狂"围剿"和惨无人道的烧杀抢掠，大别山地区党、人民群众和革命队伍没有被困难屈服，被恐怖所吓倒，他们不屈不挠，坚持斗争，多次粉碎了敌人的"围剿""追剿""堵剿""驻剿"，坚持革命斗争，守卫鄂豫皖根据地，直至迎来革命的最后胜利。

大别山地区的革命先驱者们不忘初心、坚守理想、坚定信念、不屈不挠、革命到底的大无畏革命精神，激励着广大大别山军民面对各种艰难困苦不灰心，坚持武装斗争不动摇，甘为革命抛头颅洒热血，奋不顾身舍生命，换来大别山二十八年红旗不倒的革命奇迹，孕育锻造出彪炳史册的大别山精神。

三、实事求是，坚持真理，修正错误

实事求是，坚持真理，修正错误是中国共产党的优良传统和成功经验，是中国共产党的事业取得胜利的重要保证。大别山精神的坚贞忠诚还表现在中国共产党人实事求是，坚持真理，修正错误的马克思主义者的态度上。

在中国共产党领导大别山革命的历史中，也遇到过"左"倾教条主义等错误的影响和干扰。1931 年 4 月，为了加强大别山地区党的领导力量，党中央派张国焘、沈泽民等人进入鄂豫皖苏区，领导大别山根据地的革命斗争。由于对马克思主义的教条化理解，加之不了解大别山根据地斗争的实际情况，张国焘、沈泽民等人来到大别山后，机械教条地执行了共产国际"左"倾机会主义路线，特别是在鄂豫皖根据地大搞"肃反"等运动，许多党的优秀党员和红军将领不幸遇难，给大别山革命事业带来不可估量的巨大危害。随着斗争实践的深入，在一系列残酷现实面前，经过党内健康力量的帮助，沈泽民逐渐清醒过来，他慢慢认识到"左"倾教条主义的

错误，他对自己犯下的错误痛心疾首，开始主动检讨错误，实事求是地纠正个人错误，维护马克思主义的真理。1932年秋，鄂豫皖根据地第四次反"围剿"失利，红4方面军被迫撤离鄂豫皖苏区，沈泽民与张国焘的右倾逃跑主义路线进行了积极斗争，一定程度上纠正了苏区"肃反"运动的错误，为发展和壮大红4方面军作出了重要贡献。更加宝贵的是，沈泽民并不讳疾忌医，以一个共产党人的坦荡胸襟和坦诚态度勇于承认错误，开展批评和自我批评。1933年10月，沈泽民主持召开了中共鄂豫皖省委扩大会议，会上，他主动承认目前的危局"是自己的路线差错"和自己"一贯的脱离群众所造成的"，认为"生死存亡只有在一个问题上来决断，即是对群众的关系，如转变到真正面对群众，团结群众，敌人再狠些亦包不住我们"。他勇敢地承认了错误，承担起领导责任。此次会议作出了转变斗争方针，进行游击战争的正确决定。此时，沈泽民已重病缠身，不能正常行走，只能靠担架抬行。为了不拖累大家行军，沈泽民决定离开部队前往山区养病疗伤。临行前，沈泽民还嘱咐革命战友们："一定要以万死的精神，实现党的斗争方针的转变，去争取革命胜利！"他把鄂豫皖省委宣传部长成仿吾叫到身边，一边吐血，一边沉重地检讨道："到现在弄得如此局面，完全是过去错误造成的。"表示今后自己一定要"洗心革面，重新做起"。沈泽民以一位真正的马克思主义革命家的坦诚赢得了人们的原谅和尊重。

像沈泽民这样勇于承认错误，坚持真理的真正共产党人在大别山革命斗争中比比皆是。针对鄂豫皖苏区一段时期以来出现的较为严重的教条主义、经验主义等"左"的错误造成的严重危害，1933年至1934年，以郑位三、徐海东等为代表的共产党人坚持实事求是原则，在同"左"的错误坚决斗争中，逐步形成理论联系实际的优良作风。同时各地党组织和党员经常开展自我批评，检讨思想和行动，开展党内民主教育，接受群众批评监督。沈泽民、郑位三、徐海东等大别山共产党人坚持实事求是，坚持自我革命，勇于批评和自我批评的做法，反映出真正的革命家的坦荡胸襟和无私无畏品质。

第二节 一心为民

人民性是马克思主义最鲜明的品格，人民立场是中国共产党的根本政治立场，全心全意为人民服务是党的立党宗旨和奋斗价值。《共产党宣言》指出："过去的一切运动都是少数人的，或者为少数人谋利益的运动。无产阶级的运动是绝大多数人的，为绝大多数人谋利益的独立的运动。"中国共产党是工人阶级的先锋队，是中华民族和中国人民的先锋队，除了代表和维护最广大人民群众的根本利益，没有一丝一毫自己的特殊利益。一心为民是中国共产党人的奋斗宗旨，体现了大别山精神的价值追求，体现了中国共产党人的奋斗价值。

一、坚持人民至上，始终代表最广大人民群众的根本利益

坚持人民至上，始终代表、维护和实现最广大人民群众的根本利益是中国共产党一切工作的出发点和落脚点。一心为民的大别山精神始终贯穿着鲜明的人民立场，反映了中国共产党一切为了人民群众的宗旨价值。

毛泽东同志指出："我们这个队伍完全是为着解放人民的，是彻底地为人民利益工作的。"[①] 大别山革命斗争时期，中国共产党人始终代表广大人民群众的根本利益，矢志不渝为之奋斗，得到了大别山地区广大人民群众的充分信任和爱戴，用行动诠释了一心为民的大别山精神。

中国革命的基本问题是农民问题，农民问题的核心是土地问题，得到土地是农民的根本利益所在。今天在安徽金寨县革命博物馆展厅里，有一个镇馆之宝，这是一块高约一米的石碑，上面刻有 18 个字："赤城五区三

---

① 《毛泽东选集》第三卷，人民出版社 1991 年版，第 1004 页。

乡第三村""红军公田""共计田五斗"。这块红军公田碑是国家一级历史文物,它见证了土地革命时期红军开展土地革命的光辉历史。据史料记载,当年,大别山区鄂豫皖苏维埃政权如雨后春笋般陆续建立,之后立即实施土地改革,没收地主土地,分配给无地、少地的农民。苏区还颁布土地法令,规定红军、游击队员、不能生产的苏维埃工作人员及其家属应分得田地。按照苏维埃政府规定,红军公田被用于红军家属口粮、红军军粮。如果家中没有劳力或家属无力耕种时,苏维埃政府发动群众代种。如此以来,来自贫困农民中的红军战士也分到土地,进一步激发了保卫革命成果的热情,百姓参加红军更积极踊跃。吃水不忘挖井人,金寨县各地群众十分拥护设立红军公田。20世纪30年代初,金家寨、吴家店、斑竹园等地分配土地时,都把好田划为红军公田,立上石碑或木牌注明,既提醒大家爱护公田的庄稼,又让子孙后代永远记住红军的恩情。1931年2月鄂豫皖特区书记曾中生在写给中央的报告中说:"赤区工农群众得到了土地,肃清了苛捐杂税,政治上享有自由平等,他们热烈拥护苏维埃与红军。"[1]

　　三年游击战争时期,坚持游击斗争的红军战士们坚决地把游击战争同人民群众的切身利益密切联系起来。为了坚持和扩大游击战争,游击战士们在从夺取敌人物资中解决粮食短缺问题的同时,规定遇到没饭吃的群众,他们凡是缴获的粮食,全部分给群众,不留一份,因为战士们坚信"只有群众有饭吃,队伍不怕没饭吃"。大别山党和人民军队始终站在人民群众一方,把人民群众的利益放在首位,为着人民群众的根本利益不惜流血牺牲,所以在极为艰难困苦的环境中,大别山地区党领导的游击队伍才能够坚持三年之久,直至抗日战争全面爆发。1947年8月,刘邓大军千里跃进大别山,刘邓首长反复告诫中原野战军官兵,在大别山要站稳脚跟,要"关心群众生活,尽可能减轻群众负担"。为此还起草了《粮草通知》,规定"部队征集粮草,一定要给钱,未付钱的,要打借条,要向老百姓说

---

[1]　刘菁、李亚彪、朱青:《白色恐怖下,这里二十八年红旗不倒》,《新华每日电讯》2021年6月23日。

明白，革命胜利后，一定如数归还"。刘邓首长规定任何时候都要关心群众的利益，严格执行纪律，绝不能侵犯群众的利益。针对部队出现的破坏纪律、侵犯群众利益的情况，制定了严格的军事纪律，向全野战军颁发整顿纪律的命令，迅速克服松懈情绪和违纪现象。[①]刘邓首长带头执行群众纪律，时时处处关心群众的利益，为部队作出了表率，以实际行动争取到人民群众的信任和支持，为胜利奠定坚实的群众基础。

大别山地区党和苏区政府在为人民群众经济利益、政治权利奋斗的同时，还通过创办各类学校，努力提高人民群众的文化教育水平。位于大别山金刚台山脚下的金寨县汤家汇镇，在立夏节起义（商南起义）胜利后几度成为当时皖西和豫东南革命斗争的中心。今天，小镇上保存着邮政局等许多革命遗迹，不少遗迹标牌或文保碑上常能看到"赤城县"字样。其中在汤家汇镇瓦屋基村，有一处古朴的院子，这里是全国至今保留最完整的两所列宁小学之一。1929 年 5 月，商南起义（立夏节起义）胜利后，建立起鄂豫皖苏区政府，为了让当地群众识字受教育，苏区政府创办了上千所列宁小学。截至 1931 年，仅金家寨地区就有列宁小学 22 所，在校学生1700 多人，而且每校还开设夜校供成年人读书。列宁小学还制作宣传标语："小朋友，来读书，来革命。读书革命，都很要紧。"号召苏区六区一乡的贫苦农民只要愿意识字的，都可以来上学，读书免费。当时最小的学生 6 岁，最大的 60 多岁。列宁小学的老师是苏区干部或红军战士。课程有国语、算数、习字、常识、音乐、体操等，教材都是教师自编的，学生还参与学校管理。学校还自制木马、单双杠、秋千等体育设施。当时的列宁小学校舍和教具很简陋：没有课桌椅，就从豪绅地主家没收，或师生一起动手自制；没有操场，老师带着学生一起平地；没有笔，就用棍棒在地上写字……列宁小学成为革命的摇篮，在革命战争年代，许多孩子亲身经历的苦难，让他们在红色教育中激发出了强大的革命热情。他们为红

---

① 赵士红：《弘扬刘邓大军挺进大别山的革命精神》，《学习论坛》2004 年第 7 期。

军站岗放哨、传递情报，年纪小的学生参加童子团，年纪大的学生参加少先队……曾在此任教的邓忠仁、周纯麟，以及读过书的陈明义、程明，都是从这所列宁小学走出的将军。① 红军长征后，列宁小学有 200 多人参加了红军。据不完全统计，到 1932 年春，整个鄂豫皖苏区参加学习的农民约 30 万人，工人 2 万人、红军指战员以及地方武装人员 24 万人，总数达 56 万人之多。从红军公田碑到列宁小学，彰显了党为人民幸福而奋斗的政治本色，折射出民心向背的历史演绎逻辑。

大别山地区党和苏区政府把人民群众的事情视为自己的事业，全心全意为人民服务，为人民幸福而奋斗，得到了大别山的人民群众的积极响应，换来的是大别山人民群众热爱共产党，热爱军队，人民群众积极参军拥军，竭尽所有支援革命斗争，从而使大别山根据地在激烈的斗争中发展壮大起来。

二、严明党的纪律，制定执行正确政策，维护群众利益

中国共产党是无产阶级的先锋队，同时也是中国人民和中华民族的先锋队。纪律严明是中国共产党的鲜明特征。大别山斗争环境极为险恶，斗争条件极为艰苦，大别山地区党和革命军队牢牢站稳人民立场，紧紧依靠人民群众，严明党的纪律，践行党的宗旨，维护人民群众利益，同人民群众建立起血肉关系，大别山革命斗争坚持不断，革命红旗二十八年不倒。

毛泽东同志指出，路线是王道，纪律是霸道。严明的纪律是人民军队的命脉。大别山革命武装是党领导下的新型人民军队，严格执行维护党的铁的纪律，维护人民群众利益，团结和依靠人民群众共同奋斗，是大别山党和军队能够在极为恶劣的环境下生存发展、坚持斗争夺取胜利的重要力量源泉。大别山地区是最早唱响《三大纪律八项注意》的地方，革命斗争年代里，大别山的中国共产党人和人民军队，制定和执行"铁的纪律"，

---

① 刘菁、李亚彪、朱青：《白色恐怖下，这里二十八年红旗不倒》，《新华每日电讯》2021 年 6 月 23 日。

创造了红军与革命根据地。早在创建鄂豫皖革命根据地时，红军就从定制度立规矩入手，把守纪律作为军队能打仗、打胜仗的保障，制定了不拿穷人一针一线、不拿穷人粮食、对穷人态度要和蔼等十条纪律规定，大别山部队保持军纪严明、秋毫无犯，为保护人民利益提供了保障。为保护革命成果和工农利益，鄂豫皖苏区提出加强纪律约束，颁布"红色军事纪律暂行条例"，以建立一支有别于军阀部队的、代表人民利益的、军纪严明的军队。大别山红军主力战略转移后，在三年游击战争异常艰苦的环境里，坚持游击斗争的红 28 军政治部印发了包括红军的性质、宗旨、纪律等内容的《红军政治教材》《红军须知》等宣传教育材料。启发官兵阶级觉悟，强调严明纪律、注重做好群众工作等。通过不断的思想政治教育，红 28 军广大战士纪律观念都变得很强，他们关心群众疾苦，遵守纪律，始终坚持人民群众利益高于一切的原则，甘愿自己作出牺牲也不让人民群众受到损害，筑起了党、军队和人民群众的血肉联系，为坚持斗争提供了重要保证。当时，红军游击队粮食供应十分紧张，加上有些新区群众不了解红军游击队，听信了国民党的反动宣传而躲进山里，更增添了征粮购粮的困难。红军游击队不断纠正在打土豪、征粮、宿营中侵犯群众利益的现象，保持了良好的群众纪律。红军游击战士以实际行动向群众表明红军是一支纪律严明、秋毫无犯、真正维护群众利益的人民军队，从而密切了与人民群众的血肉联系，赢得了大别山地区人民的衷心爱戴和全力支持。

大别山革命中，党和军队不仅制定出严明的纪律规定，执行纪律同样严正有力。严格执行群众纪律是刘邓大军在大别山"站住脚"的关键。进入大别山后不久，邓小平同志在经扶县（今新县）小姜湾村专门主持召开了整顿纪律的干部大会，强调指出："严守纪律，关心群众，这是关系到我们能否在大别山生根的大事。"① 他亲自为刘邓大军全体指战员制定"约法三章"："枪打老百姓者枪毙；掠夺财物者枪毙；强奸妇女者枪毙。"他

---

① 中共中央文献研究室：《回忆邓小平》（上），中央文献出版社 1998 年版，第 114 页。

还要求所有干部、战士互相监督，严格执行，并指示成立了执法小组，严厉惩处违反纪律者。不久，部队的一个副连长未经店主同意，拿了店里的粉条、花布、火柴等东西。邓小平同志听了汇报，当即下令严格执行"约法三章"，枪毙了这个副连长。这件事对全军将士震动很大。从此，全军再也没有发生破坏部队纪律的现象。①

　　一心为民的大别山精神还体现在大别山地区的党和革命军队能实事求是，制定正确的方针政策，提高人民群众的生产生活水平上。1947 年秋，刘邓大军进入大别山，建立起各级政权机构。根据中共中央发布的《关于土地问题的指示》（"五四指示"），从 10 月始至次年初，在大别山地区进行了大规模土地改革。10 月 12 日，中原局、中原军区发出《关于放手发动群众，创建大别山解放区的指示》，要求部队把发动群众实行土改看成自己的头等任务，认真宣传《中国土地法大纲》，发动群众开展土改运动。但由于经验不足，出现"左"倾思想的干扰，发生危害群众利益的事件，土改工作陷入困境。中原局、中原军区及时发现存在的"左"倾错误，迅速采取纠正措施。1948 年 1 月 30 日，邓小平同志在关于大别山的阶级情况与几个策略问题给毛泽东同志的综合报告中，对大别山的特点进行了分析，首次提出大别山土改应区分巩固区和游击区而分别实行不同的政策和策略：在游击区"一时期还谈不上平分土地"，应实行"组织秘密贫农团"，"积极发动群众的政策"；在新区，"一般采取中农不动的政策为好"②。2 月 8 日和 3 月 8 日，邓小平同志又两次向中央报告，具体分析土改中所犯"左"的急性病错误，全面总结大别山地区的经验教训，系统地提出大别山地区土地改革正确指导方针和策略原则。邓小平同志对党和人民的事业高度负责的精神，勇于自我批评的勇气，实事求是的工作方法为大别山解放区土改运动健康开展打下坚实基础。党中央对邓小平同志这种勇于批评与自我批评的态度十分赞赏，于 3 月 14 日致电各中央局、分局、

---

① 蒋文俊、姬少华：《邓小平在大别山根据地的群众工作》，《百年潮》2014 年第 9 期。
② 《邓小平年谱（1904—1974）》中卷，中央文献出版社 2009 年版，第 712 页。

前委负责同志："小平同志的这些负责的自我检讨是非常好的，有了这样的自我检讨，就有使广大干部逐步学会党的策略观点和政策观点的可能。"① 邓小平同志根据中央和中原局的指示，制定了土改实施的基本细则，对富农的土地采取没收所有剩余的政策，维护了广大贫农的土地权益，深受他们的拥护。此外，为了广泛调动农民群众的生产积极性，各级党委颁布了《生产奖励条例》，鼓励农户进行生产竞赛，成立专门的农具生产合作社，全力发展农业生产。随着这些方针政策的贯彻落实，大别山解放区的"左"倾急性病错误都较快地得到了纠正，土地改革运动逐步走向了正轨，为刘邓大军在大别山地区站稳脚跟奠定了坚实基础。大别山土地改革经验为党中央制定新解放区的土改政策提供了宝贵经验。毛泽东同志高度重视和肯定了刘邓大军大别山土地改革的经验，指出："小平所述大别山经验极可宝贵，望各地各军采纳应用。"②

大别山地区党紧紧依靠人民群众，从人民群众根本利益出发，结合大别山斗争实际，严肃党的纪律，赢得人民的拥护和支持，大别山汇聚起了源源不断的磅礴力量，推动大别山革命深入推进，发展胜利。

三、紧紧依靠人民，团结一心，生死与共

紧紧依靠人民，党与人民团结一心，共同奋斗是中国共产党的优良作风，革命时期极度恶劣的环境下，唯有党政军民上下团结一心，才能战胜一切艰难险阻，在坚持斗争中取得最终的胜利。

战争的伟力之最深厚的根源，存在于民众之中。2020 年 8 月，习近平总书记在安徽考察期间深刻指出："鄂豫皖苏区能够'二十八年红旗不倒'、新四军能够在江淮大地同敌人奋战到底，刘邓大军千里跃进大别山能够站住脚、扎下根，淮海战役能够势如破竹，百万雄师过大江能够气吞万里如猛虎，根本原因是我们党同人民一条心、军民团结如一人。"

---

① 《邓小平年谱（1904—1974）》（中卷），中央文献出版社 2009 年版，第 723 页。
② 中共中央文献研究室：《回忆邓小平》（下），中央文献出版社 1998 年版，第 251 页。

　　大别山革命斗争创造二十八年红旗不倒的奇迹，能够长期坚持直至革命胜利，与大别山地区党一切为了人民，一切依靠人民，充分发动群众，与人民群众团结一心，携手御敌，生死与共有着密切联系。人民群众是党和军队的力量源泉、胜利之本。徐向前同志在《历史的回顾》中指出："红军的力量在于民众之中。反三次'围剿'，拖得敌人捉襟见肘，精疲力竭，失败而归，就是因为有广大群众积极配合红军作战。"土地革命时期，"红军有了群众的支持，如鱼得水，任我驰骋，这是弱小的红军能够生存、发展、克敌制胜的根本原因。"1947年9月，刘伯承和邓小平接见了刘名榜等坚持大别山游击战的游击队战士。邓小平同志问刘名榜："那么艰难，你们是怎么坚持下来的？"刘名榜回答："靠党的坚强领导，靠握紧枪杆子，最让我感动的是老百姓冒着杀头的危险，铁了心地支持、掩护我们。没有他们，我们一天都活不下来！"后来，刘伯承同志在回顾千里跃进大别山时，深刻地指出"我们所依靠的是人民，蒋介石所依靠的是碉堡"[1]。刘邓大军初到大别山时，没有固定医院，伤病员主要安置在群众家里。广大群众冒着生命危险掩护伤病员，精心护理伤病员。河南省新县陈店乡熊家洼是一个只有14户人家的小山村，一次就安置了9名伤员。为了使伤病员早日康复，人民群众宁愿吃糠咽菜，也要把粮食省给伤病员吃。为躲避敌人搜捕，群众白天将伤病员背到深山岩洞里隐蔽，晚上接回家里休息，喂汤熬药，日夜护理，在当地人民群众的悉心照顾下，伤员们恢复了健康，回到队伍，继续开展斗争。就像刘伯承后来回忆，大别山人民群众"他们全力支持我军，和我们同生死、共患难，不避风险地掩护我工作人员和伤病员，替部队保存物资、带路、侦察敌情，协助我军战胜了许多难以想象的困难"[2]。刘邓大军千里跃进大别山之所以能够站住脚、扎下根，离不开大别山人民和党团结一心，鼎力支持，无私付出。

　　大别山革命年代，党政军民万众一心、团结奋进，携手御敌，生死与

---

① 习近平：《论中国共产党历史》，中央文献出版社2021年版，第48页。
② 《刘伯承军事文选》，解放军出版社1992年版，第597页。

共，在大别山构筑起坚不可摧的铜墙铁壁，大别山革命斗争牢牢扎下了根，大别山红旗任凭风吹雨打，二十八年间依然高高飘扬在大别山上。

第三节　牺牲奉献

牺牲奉献是大别山精神的显著特征。一寸山河一寸血，一抔热土一抔魂。红色是大别山的本色底色，大别山是块"抓把泥土就能渗出鲜血"的土地。革命烽火岁月，大别山人民自觉投身革命事业，以实际行动无私支持保卫党和人民的革命事业，不畏强暴、不怕牺牲，甘于奉献，前赴后继，英勇顽强为革命奋斗，直至夺取胜利。牺牲奉献的大别山精神集中体现了中国共产党人的实践品质、道德操守，反映了中国共产党人的价值观。

一、坚韧不拔，前赴后继，夺取胜利

不畏艰难，坚韧不拔，前赴后继，英勇斗争，敢于胜利是中国共产党的鲜明政治品格，是党不断夺取胜利的制胜法宝，是大别山精神中牺牲奉献的突出表现。

习近平总书记强调："革命胜利从来不是天上掉下来的，不是别人拱手相让的，而是用流血牺牲换来的。"[①] 中国共产党一经诞生，就为了国家、民族和人民群众的根本利益不畏牺牲，默默奉献，广大党员不惜舍生取义，杀身成仁。大别山精神是大别山一代又一代革命先烈们用汗水、鲜血和生命铸就而成的。革命斗争年代，在中国共产党的崇高理想，坚定信仰和领导伟大事业的感召和激励下，大别山百万英烈为了理想、为了民族、为了大局、为了家园、为了生存，坚持斗争，不畏艰险，不怕牺牲，坚贞不屈，前赴后继，无私奉献，浴血奋战，以大无畏的革命精神，用鲜

---

① 习近平：《论中国共产党历史》，中央文献出版社 2021 年版，第 261 页。

血和生命谱写了一曲曲荡气回肠的奋斗史诗和英雄颂歌。

为有牺牲多壮志，敢教日月换新天。"怕死不革命，革命不怕死"，这是大别山地区流传的一句口号，这个口号反映和体现出为了革命事业胜利，大别山党和军民在生死得失，家国取舍中的选择。1932年秋，红4方面军主力转移后，鄂豫皖省委将分散在根据地的红军、游击队、伤病员集中起来，重建红25军，吴焕先任军长。吴焕先激励大家坚定信心，坚持斗争，他说："鄂豫皖根据地是先烈用生命换来的，我们不能丢，大别山的红旗不能倒！"因为革命，吴焕先的家遭土豪劣绅血洗。为了给红军筹粮，吴焕先幸存下来的母亲和妻子将乞讨来的几十斤大米和十几个鸡蛋送到红军部队后，却相继饿死。黄麻起义主要领导人戴克敏，全家有14人参加革命，其中11人为革命英勇献身。红25军副军长徐海东全家族共有66人被国民党反动派杀害，其家族中男人全被杀光，女人多被卖掉。徐海东在战场上英勇善战，享有"徐老虎"的盛名，他参加革命打仗10年，8次负伤，中弹17处。1932年11月，红25军主力撤离大别山后，国民党反动派对大别山实行疯狂"围剿"，当地成立了中共商（城）南县委，将山上的地方党政女干部、红军医院的护士和红军家属约40人，编为一个妇女排。面对极为凶险的斗争形势和极为恶劣的生存环境，妇女排发出"一颗红心拿不去，头断血流不投降"的铮铮誓言。她们以朝阳洞为据点，坚持了长达三年艰苦卓绝的游击斗争。金刚台的妇女排为了牵制敌人，在山野密林中嚼草根、卧冰雪，克服了难以想象的困难同敌人周旋，有力地配合了大别山地方党组织和游击队在根据地的斗争。

红军主力撤离大别山后，国民党军对大别山反复进行残酷的"清剿"。在政治上，他们造谣惑众、软硬兼施，欺骗威胁人民群众，组织民团防守，安插坐探监视，强化保甲制度，实行"一户通共、十户杀绝"的连坐法，妄图隔绝红军游击队与人民群众的联系；在军事上，他们广筑纵横交错的碉堡网，形成数道封锁线，采取分区包围、步步为营、搜山探洞、放火投毒等手段，围、追、堵、"驻剿"并用，血腥屠杀共产党员、红军战士和革命群众，企图"彻底扫荡、以绝根株"；在经济上，他们实行严密的封锁，执行"匪区粮食分给铲共义勇队，运出匪区之外，难运者一律烧毁"的政策，严禁粮食、药品、食盐、火油、布匹等物资运入边区。① 在国民党军的重重包围下，红军游击队没有粮食吃，就以野果、野菜、树皮、草根充饥；没有房子住，就在山洞、树林、草丛里栖身；没有药品，就采集中草药治病、用盐水冲洗伤口；没有弹药，就用大刀、石块、木棒与敌人拼杀。尽管生活艰苦、环境险恶，但在党的坚强领导和及时有力的政治工作下，红军游击队始终保持坚定的革命信念、坚强的革命意志，他们不畏艰难困苦，不怕流血牺牲，心中始终充满了革命乐观主义精神，他们豪情满怀地说："共产党是我们亲爹娘，哪怕敌人再围剿，红军越打越坚强。哪朵葵花不向太阳，哪个穷人不向共产党？任凭敌人再猖狂，烧我的房屋抢我的粮，一颗红心拿不去，头断血流不投降。"②

大别山坚持长期革命斗争，党和人民付出了巨大的牺牲，谱写了辉煌的革命历史，培育出牺牲奉献的大别山精神。正如习近平总书记多次强调，在革命战争年代，勤劳朴实的老区人民养育了我们党和人民军队，竭尽所能提供人力、物力、财力，为壮大革命力量、夺取革命胜利付出了巨大牺牲，作出了极大贡献。革命先辈们的丰功伟绩，任何时候都不能忘记。③

二、不畏强暴，不怕牺牲，英勇顽强

习近平总书记指出，革命老区是党和人民军队的根。老区和老区人民为我们党建立的中国革命，作出了重大牺牲和贡献。新民主主义革命时期，大别山军民发扬了英勇顽强的革命斗争精神，赢得革命的胜利，但大别山地区也为革命胜利献出几十万英雄儿女的宝贵生命，牺牲巨大。

大别山革命斗争的环境极为艰难险恶，大别山地区的党组织、人民群

---

① 翟清华：《鄂豫皖边三年游击战争的历史经验》，《军事历史》2019年第3期。

② 丁一鸣、常河、王胜昔等：《红旗屹立　薪火相传》，《光明日报》2021年11月3日。

③ 中国老区建设促进会：《让革命老区人民过上更加幸福美好的新生活》，《光明日报》2015年1月24日。

众和革命军队面对的是无比凶残暴虐的敌人。二十八年的大别山革命战争中，党领导的革命武装"三进三出"大别山，每一次革命军队的主力转移后，国民党反动势力都会疯狂反扑根据地。土地革命战争时期，国民党反动派先后对鄂豫皖根据地进行了四次"围剿"，特别是1932年红4方面军主力战略转移后，国民党军队疯狂报复根据地，喊出"血洗大别山"的口号，对根据地实行烧光、杀光、抢光的"三光"政策，制定了"匪区壮丁一律处决""匪区房屋一律烧毁""匪区粮食分给铲共义勇队，搬出匪区外，难运者一律烧毁"等以达到"民尽匪尽"目的的残暴政策。一时间，根据地内血流成河，村庄被夷为平地，山林被焚毁，田园荒芜，惨不忍睹。1934年11月，红25军北上长征后，国民党喊出"有民即有匪，民尽匪尽""宁愿错杀一千，不能漏掉一个"的血腥口号，在苏区大肆屠杀革命群众，制造了众多骇人听闻的人间惨案。在皖西，大肆屠杀共产党员和革命群众，为了向上级报功领赏，命令部下割下死难者耳朵作为记功凭证，最后收集上来的死难者耳朵达七担之多。大别山"家家有红军、户户有烈士，山山埋忠骨、岭岭皆丰碑"这句民谣，毫不夸张地说，正是当时大别山军民遭受巨大牺牲的真实写照。

在大别山地区，至今还流传着许多当地老百姓舍身舍家人子女救红军战士的英雄故事。1928年5月，参加黄麻起义的王树声被敌人追杀，躲进了村民周大娘的家中。敌人抓不到王树声，气急败坏，叫嚣要"血洗西张店"。这时，周大娘站了出来说道："王树声就藏在我家里。"她让大儿子王政道换上王树声的衣服，说是王树声，结果儿子被敌人捆走。王树声脱离了险境，周大娘的儿子王政道却牺牲了。后来，周大娘又将其他三个儿子送进队伍，参加了红军。几年后，已是红军师长的王树声回家探望，他扑通跪在了周大娘面前，热泪盈眶地说："干娘，您不只是我的干娘，也是我们红军的干娘啊！有了您这样的娘，我们红军才生生不息，不断壮大啊！"1934年，红25军长征出发地罗山何家冲，留在大别山坚持游击战争的红军战士余占海，因伤不幸被敌人抓住。危难时刻，当地一位姓何的大娘挺身上前，她紧紧抱住余占海，哭称是自己的儿子。为了骗过敌人，她当众用眼睛担保，发起毒誓，并刺瞎自己右眼，终于骗过敌人，解救下余占海。在国民党对大别山的扫荡围剿中，何大娘在自家后院山洞里，先后救活了13名红军战士。解放后，被授予少将的余占海回到大别山，他找到何大娘，动情地跪在地上说："你为革命牺牲儿女，我就是你的儿子！"

正是大别山人民群众极大的付出、极大的牺牲支持支援着大别山党和人民军队，大别山党和人民军队才能发展壮大，大别山斗争才能连绵不绝坚持二十八年，直到迎来胜利曙光。

三、胸怀大局，敢为人先，争当革命先锋

胸怀大局，英勇顽强是中国共产党人的政治品质。勇于担当，敢为人先是党的事业夺取胜利的重要保证。大别山精神蕴含的胸怀大局、敢为人先的精神品质，体现了中国共产党人争当革命先锋的政治本色。

大别山革命根据地每到革命最紧要的关头，党领导的军队和人民群众都会处在最前沿的位置，发挥着重要而特殊的作用。革命烽火岁月，生死紧要关头，英雄的大别山军民以国家、人民的利益为己任，为了革命事业的需要和党的全局利益，坚持党的领导，坚决听从党的指挥，越是艰险越向前，调动一切积极因素，动员一切有生力量，不惧艰险，不畏强敌，不屈不挠，英勇顽强，勇当先锋，用实际行动为胜利创造条件，主动配合完成重大战略行动，为中国革命胜利作出重要贡献。

1932年初，在鄂豫皖苏区第三次反"围剿"斗争中的商潢战役中，徐海东任团长的红4军第12师36团成为敌人20多个团的主攻目标。在敌人的猛攻下，部队营连排干部伤亡惨重，徐海东坚持"人在阵地在"。他不顾安危跑到前沿阵地上，亲自吹号指挥战斗，高喊着"共产党员，牺牲也要向前倒"向敌军发起猛攻，最终使数万敌军全线溃退，取得战役的胜利。后来，鄂豫皖苏区第四次反"围剿"失利，留下坚持战斗的红25军在大别山地区坚持了两年游击战争，有力配合了主力部队的转移。1934年

11月，红25军高举"中国工农红军北上抗日第二先遣队"的旗帜离开大别山，实施战略转移，开始长征。1935年9月，历时10个月，行程近万里，这支被称为"北上先锋"的红25军部队，率先抵达陕北，与西北红军胜利会师，在战略上配合了红一、红四方面军的长征。1935年冬，中央红军到达陕北后物资补给面临极大困难，毛泽东同志写信向徐海东借2500元解决中央红军吃饭穿衣问题。看到信后，徐海东毫不犹豫从红25军部队仅剩的7000元中拿出5000元支援中央红军。红25军"不吃、不穿，挨冻受饿，也要支援党中央"，毛泽东称赞红25军为中国革命立下了大功。红25军及徐海东的事迹生动而深刻地诠释了大别山精神中胸怀大局，英勇顽强，勇当先锋的深刻内涵。

抗日战争胜利后，为了在中原实施战略坚守，1945年10月中共中央中原局成立。1946年6月，国民党统治集团完成发动全面内战的部署后，制定了"48小时内全歼中原解放军"的计划，中原解放军遵照中共中央指示，分兵突围，声东击西，开辟新区，游击生根。先是在大别山地区分三路，以迅雷不及掩耳之势，粉碎了国民党30万大军的包围、封锁、追击，胜利完成了战略转移任务，顺利实现了中原突围，揭开了人民解放战争的序幕。在中原突围中，皮定均率领1纵1旅临危受命，为了掩护中共中央中原局和中原军区主力突围，孤军深入敌人后方，巧用疑兵之计，成功地打乱了敌人的"围剿"计划，保证了主力部队的顺利突围，出色地完成了掩护任务。中原突围一役，中原解放军以无比强大的毅力，克服了艰难困苦，除一部转入老解放区外，主力北路军和南路军部分在陕南、鄂西地区，创造了两个游击根据地。此外，在鄂东和鄂中留下来的部队坚持游击战争，极大地援助了老解放区的作战，并对之后解放战争的战略全局起到了关键的牵制作用。后来毛泽东同志评价中原突围，"不是一个局部的胜利，它关系全局甚大"①。这正是对大别山军民胸怀大局，不惧艰险，英勇

---

① 林志成：《让大别山精神放射出新的时代光芒》，《解放军报》2020年4月13日。

斗争，勇当先锋，甘于奉献精神的褒奖。

1946 年 7 月，国民党对我解放区发动全面进攻，党领导人民军队坚决予以反击，1947 年 6 月迫使其转入重点进攻。但此时，局面仍然很严峻。人民军队面临着极大的内线作战压力。面对这种困境，党中央从全局着眼，作出了刘邓大军远离后方进行无依托作战，挺进大别山，打到外线牵制敌人兵力的战略决策。邓小平同志向部队连以上干部作动员时，指出："我们在大别山困难很多，是在'啃骨头'，但是，在其他战场上，我们的兄弟部队已经开始'吃肉'了！我们背上的敌人越多，我们啃的骨头越硬，兄弟部队在各大战场上消灭的敌人就越多，胜利也就越大"①，"不管这个担子有多重，我们也要完成党中央交给的任务。"这种一切为全局着想的伟大胸怀，为了全局勇挑重担、敢于"啃硬骨头"的崇高精神，激励着战士们更加英勇地与强敌展开殊死斗争。8 月，刘邓大军 12.4 万人在鲁西南一带渡黄河南下。经过 28 天苦战，在付出伤亡 1.3 万人的代价后，成功渡过黄河，顺利进入河南，开始千里南下。国民党军集结了 23 个旅约 20 万兵力一路尾追，刘邓大军一边应付敌人，一边急行军穿越黄泛区、沙河、汝河、淮河等重重自然阻碍。为了加快行军速度，刘邓大军不得不含泪将重炮、大炮丢在沿途，一路轻装前进。部队进入大别山地区后，由于没有稳固的根据地，粮食补给、弹药补给、被装保障、伤员安置都成了大问题，加之敌人的重兵包围，刘邓大军困难重重，但刘邓大军仍然坚决遵守中央命令，在困境中坚持战斗，与数倍于我军的强大敌人坚持斗争。刘邓大军以巨大牺牲完成中央的战略部署，有力地配合了山东、陕北战场粉碎敌人对解放区的"重点进攻"，根本上扭转了人民解放战争的局势，把解放战争推向了一个新的阶段。至 1948 年 3 月下旬，刘邓大军胜利完成任务，撤出大别山时，全军人员伤亡过半，只剩不到 6 万人，重武器损失殆尽。邓小平后来评价说："中原吸引了蒋介石南线的一半以上的兵力，

---

① 邓榕：《我的父亲邓小平：戎马生涯》，中央文献出版社 2010 年版，第 362 页。

保证了其他地区的胜利展开。虽在全国范围吃苦头最多，付出了代价，但换取了战略上的主动，取得了全局的胜利。"① 刘邓大军千里跃进大别山和坚持大别山根据地的斗争以巨大的牺牲为中国革命全局胜利作出了卓越贡献，立下了不朽功勋，生动诠释和体现了中国共产党人胸怀全局、担当重任、勇作先锋的崇高精神。

第四节　永跟党走

永跟党走是大别山精神的永恒主题。永跟党走指的是大别山地区的党组织、人民军队和人民群众始终对党忠诚，心中有党，在政治上思想上行动上与党中央保持高度一致，严格遵守党的纪律，维护党的团结，听党指挥，永不叛党。当年，大别山地区广大人民群众在党的领导下，揭竿而起，投身人民解放事业，虽历经二十八年的血雨腥风，艰苦斗争，却始终铁了心跟党走，一心一意干革命，不管革命形势多么险恶，对敌斗争多么残酷，始终坚信革命事业是正义的，革命的前途是光明的，坚持革命到底，最终在党的领导下，夺取了新民主主义革命的伟大胜利。

一、忠诚坚定，毫不动摇地坚持党的领导

党的领导是中国革命取得胜利的根本保证，是人民军队战胜困难、夺取胜利的根本保证。"红军所以艰难奋战而不溃散，'支部建在连上'是一个重要原因。"② 大别山地区二十八年始终革命红旗不倒，革命火种不断，党组织的活动从未间断，革命武装斗争从未间断，革命根据地的建设活动从未间断，最为根本的原因就在于党的坚强领导。

永跟党走是大别山精神的核心精髓，是大别山革命坚持二十八年红旗

---

① 《邓小平年谱（1904—1974）》中卷，中央文献出版社 2009 年版，第 734 页。
② 《毛泽东选集》第一卷，人民出版社 1991 年版，第 65 页。

不倒的根本原因和政治保证，突出表现在坚定革命必胜信念，毫不动摇坚持党的领导，一切行动听党指挥。随着大别山地区党组织的普遍建立，大别山革命的火种从此被点燃，大别山革命斗争就此拉开大幕。在党的坚强领导下，大别山地区革命群众坚决贯彻执行党的决策部署，响应党的号召，踊跃投身革命浪潮。大别山各地纷纷举行武装起义暴动，组建起革命武装队伍，创建了革命根据地。

1927 年 8 月，中共湖北省委召开会议，传达了党的八七会议精神，贯彻落实党中央实行土地革命和武装反抗国民党反动派的决策部署，制定了在大别山地区举行武装起义暴动的计划。会议把湖北全省分为 7 个区，每个区设立中共特别委员会，负责领导起义暴动的任务。11 月，在党的领导下，黄麻起义爆发并取得胜利。1929 年 5 月，党领导的立夏节起义（商城起义）成功。11 月，六霍起义成功爆发。在大别山地区三次武装起义获得成功的基础上分别组建起中国工农红军第 31、第 32、第 33 师三支武装力量，相继开辟出鄂豫边、豫东南、皖西三块革命根据地，从此大别山有了统一的红军队伍，大别山地区红军游击战争进入新阶段。1930 年 2 月，中共中央根据鄂豫皖边界地区的发展形势，决定成立中共鄂豫皖边特委，三个师统一改编为红 1 军，并成立军前敌委员会，直属中央军委领导。6 月，根据党中央指示，鄂豫皖边区苏维埃政府成立，党对大别山革命的领导进一步加强。可以说大别山革命的爆发、革命军队的产生、鄂豫皖根据地的形成就是大别山地区党组织坚决贯彻落实党中央的决策部署，服从党的命令，一切行动听党指挥的结果。

在长征时期，大别山走出的红军队伍坚决贯彻落实党中央的决策部署，参加长征的红 25 军来自于大别山，红 25 军的战略转移完全是按照党中央的决策部署执行的。1934 年 11 月，中共鄂豫皖省委收到了党中央《关于组织抗日先遣队的通知和致鄂豫皖省委训令》，立即召开会议决定以"中国工农红军北上抗日第二先遣队"的名义实施战略转移。11 月 16 日，按照党中央的指示精神，中共鄂豫皖省委率领程子华任军长、徐海东任副军长、吴焕先任政治委员的红 25 军正式开始长征。1935 年 2 月，按照中共鄂豫皖省委的指示，高敬亭组织起鄂豫皖边区新的领导机构，重新组建高敬亭任政委的红 28 军，统一领导边区党政军工作，坚持边区武装斗争。有了党的坚强领导，红 28 军在红军主力撤离大别山的三年里，在极端险恶的斗争形势和困难的斗争环境下，坚持游击斗争。他们转战大别山地区鄂豫皖三省四十多个地县，歼灭敌军无数，粉碎了国民党反动军队对苏区的反复"清剿"，有力地支援配合了主力红军的战略转移，使革命红旗始终飘扬在大别山区。

二、一心向党，听党话，跟党走

大别山精神中永跟党走的内涵还表现在大别山地区的人民群众和武装部队一心向着党，矢志不渝听党话，一心一意跟党走。他们始终坚信党的领导，忠诚党的事业，无论是革命事业发展顺利的时期，还是革命形势面临困境逆境乃至绝境，他们对党的领导始终没有动摇，没有放弃对党的事业的忠诚，虽九死而不悔，一心向着党跟着党，矢志不渝干革命，不达胜利永不休。

大革命时期，大别山地区的党组织通过秘密创办农民协会等群众团体，领导农民开展农民运动。他们利用各种经济斗争和政治斗争形式，在农村广泛开展破除封建迷信、减租减息、打土豪、分田地等活动，为农民利益而奋斗，从而赢得了广大农民的支持和拥护。当地农民高兴地说："共产党是真正领导穷人革命的，一定要跟着共产党干到底！"土地革命时期，大别山的党组织领导了鄂豫皖边区的工农武装起义，起义暴动成功后，建立起革命武装，创建了鄂豫皖苏维埃工农政权。苏区根据地里，党领导人民打土豪、分田地，开展各项社会改革，扳倒了几千年来压在大别山人民头上的沉重大山，大别山的人民群众打心眼里认可共产党、拥护共产党，支持共产党，他们衷心拥护党的领导，下定决心永远心向党，一心跟党走。在长期的对敌斗争中，大别山地区人民群众和革命军队深刻领悟到：什么时候听党话，革命事业就会有发展、得胜利；否则，革命事业就要遇挫折、受损失。

永跟党走，还表现在受到挫折、遭受失败时对党的忠诚和信任上。金寨籍上将洪学智是我军唯一两授上将军衔的金寨籍将军，他一生革命中曾经"四起三落"。新中国成立后，洪学智曾受到错误处理，他从人民解放军总后勤部部长被降为吉林省农机厅厅长，后又被下放到农场。长达17年之久的下放生涯，并没有让洪学智消沉，他坚信党、忠诚于党，坚信党最终会正确对待和处理自己的问题，一直乐观工作，最后平反。改革开放后，洪学智重任人民解放军总后勤部部长。洪学智这种一心向党，矢志不渝的优良品质充分体现了大别山精神的坚贞忠诚，阐释了共产党人的政治品格。

三、实事求是，结合实际，砥砺进取

大别山精神还包涵着实事求是的思想路线。在大别山地区长期的革命斗争中，党领导革命军队和广大人民群众坚持实事求是思想路线，结合大别山地方的具体实际，开展武装斗争。他们以积极探索、砥砺进取的实践勇气，坚持斗争，为中国革命的胜利作出巨大贡献。

革命道路从来不是一帆风顺，总是伴随着曲折。特别是在旧中国这样一个特殊复杂的国情之下，如何将马克思主义的普遍真理同中国具体实际结合起来，走出一条适合中国国情的，能够将中国革命引领胜利的正确道路，是中国共产党领导新民主主义革命中的一个根本性问题。以毛泽东同志为代表的中国共产党人在长期革命斗争中经过艰辛探索，开辟出一条农村包围城市、武装夺取政权的正确革命道路。在这条道路的探索形成过程中，大别山地区党、人民群众和革命军队也进行了艰辛探索，作出了积极贡献。1927年8月，党的八七会议确定了实行土地革命和武装斗争的总方针。大别山地区党组织按照党中央的决策部署，在大别山鄂豫皖边区发动了黄麻起义、立夏节起义（商南起义）和六霍起义，开始建立起革命武装

力量，开辟出三块革命根据地，走上了农村包围城市、武装夺取政权的道路。随着对敌斗争的不断胜利以及鄂豫皖根据地和苏维埃政权的建立，大别山地区的党组织领导人民群众和革命军队广泛开展土地革命、巩固政权，各项事业建设等工作，多方面地开展了农村包围城市，工农武装割据的革命斗争实践。

1934 年 11 月，红 25 军长征后，鄂豫皖根据地陷入了严峻的困境之中。1935 年 2 月，留守大别山根据地的红军重建红 28 军，在根据地开始艰苦卓绝的游击战争。高敬亭认真总结吸取历次反"围剿"斗争的经验教训，坚持避强击弱、运动歼敌的游击战原则，创造了"敌上山、我下山""化整为零、集零为整"以及跳蚤、回马枪等游击战术，他还总结红 28 军游击战争队经验，坚持正确的对敌斗争原则策略：坚持"四打四不打"原则，即敌情不明不打、地形不利不打、伤亡过大不打、缴获不多不打，敌情明、地形好、缴获多、伤亡少则打。在战略战术上，以游击战为主，辅以必要的伏击战；以游击区作战为主，内线、外线结合。[①] 这些做法使游击队在极为艰苦的环境下，坚持游击斗争三年之久，直至全面抗战爆发。高敬亭因此被周恩来同志称赞为"大别山的游击专家"。

解放战争时期，刘邓大军跃进大别山后，在创建大别山解放区的过程中，为了顺利在大别山地区开展土地改革，邓小平同志在新县对新县等地的新区土地改革进行了认真总结，提出并实施了一系列符合大别山实际的土地革命政策，他在给毛泽东同志的《关于大别山的阶级情况与几个政策的问题》《复毛主席征询新区斗争策略与群众组织形式问题》等报告中详细地对此作了汇报。毛泽东同志对他的做法大为赞赏，向全党批转了这两份报告，推动了全国各地土改的顺利开展。在新民主主义革命斗争中，大别山地区的党组织领导人民群众和革命军队坚持从当地实际出发，实事求是开展工作，积极探索大别山革命道路，使革命的红旗始终飘扬在大别

---

① 陈帅名、邓群刚：《大别山红色政权屹立的原因及当代启示》，《边疆经济与文化》2015 年第 12 期。

山。大别山二十八年革命斗争为中国共产党成功开辟出工农武装割据，农村包围城市的革命道路作了积极探索，也见证了大别山人民不屈不挠、坚持斗争、探索新路、砥砺进取的坚定信心和顽强意志。

大别山精神是新民主主义的大革命、土地革命、抗日战争和解放战争的各个历史时期，大别山地区党带领大别山人民群众和革命武装在长期革命斗争实践中孕育形成并丰富发展的，生动见证了中国共产党在大别山领导并夺取新民主主义革命胜利的全部历史。大别山精神是大别山红色文化的核心精髓，是中国共产党人的宝贵精神财富。今天，中国特色社会主义进入新时代，孕育锻造形成大别山精神的革命历史已成过往，但是大别山精神却历久弥新，它依然散发着跨越时空的不朽魅力，具有重大的现实意义和时代价值。在党团结领导全国各族人民实现中华民族伟大复兴的新征程上，必须大力弘扬大别山红色文化和大别山精神，传承红色基因，发扬优良传统，奋进新时代，铸就新辉煌，让大别山精神在新时代焕发出新的耀眼光芒。